Friedrich Alexander Theodore Kreyssig

Unsere Nordostmark

Erinnerungen und Betrachtungen bei Gelegenheit der hundertjährigen Jubelfeier der Wiedervereinigung Westpreussens mit Deutschland

Friedrich Alexander Theodore Kreyssig

Unsere Nordostmark

Erinnerungen und Betrachtungen bei Gelegenheit der hundertjährigen Jubelfeier der Wiedervereinigung Westpreussens mit Deutschland

ISBN/EAN: 9783744675673

Hergestellt in Europa, USA, Kanada, Australien, Japan

Cover: Foto ©ninafisch / pixelio.de

Weitere Bücher finden Sie auf **www.hansebooks.com**

Unsere Nordostmark.

Erinnerungen und Betrachtungen

bei Gelegenheit

der

hundertjährigen Jubelfeier

der

Wiedervereinigung Westpreußens mit Deutschland

von

F. A. Th. Kreyßig.

Danzig.
Verlag und Druck von A. W. Kasemann.
1872.

Vorbemerkung.

Die hier gesammelten Aufsätze wurden für das Feuilleton der „Danziger Zeitung" geschrieben, unter dem frischen Eindrucke der nationalen Erfolge der Gegenwart, und im Hinblick auf eine nahe Erinnerungsfeier, welche ähnliche Leistungen, aber auch harte Kämpfe, Irrthümer und Fehlschläge der Vergangenheit der Betrachtung empfiehlt. Die Aufgabe war nicht sowohl Geschichte zu erzählen, als an deren großen Ergebnissen das Bewußtsein zurecht zu weisen, an der Vergangenheit den Blick für die Gegenwart, vielleicht für die Zukunft zu schärfen. Wir haben Großes, kaum Gehofftes errungen; aber wir sind nicht fertig. Im Osten und Westen müssen deutscher Geist, deutsche Sittlichkeit, deutsche Arbeit fortführen und vertiefen, was deutsche Staatskunst und deutsche Streitbarkeit gründeten. Begreiflicher Weise ist dem allgemeinen Bewußtsein der Osten augenblicklich ferner gerückt: aber das darf und wird nicht lange so bleiben. Es müßte Alles täuschen, wenn die vielumstrittenen Grenzgebiete deutscher und slavischer Art nicht bestimmt wären, noch einmal der Schauplatz deutscher Siege, hoffentlich nur friedlicher, zu werden; und je frischer das Lebensblut der Nation in jenen äußeren Organen des großen Körpers pulsirt, um so heilsamer werden auch sie auf den begonnenen Heilungs- und Verjungungsprozeß des Ganzen zurückwirken können. Die wieder erstandene Germania kann und will keines ihrer Kinder entbehren. Sehr glücklich wäre der Verfasser, wenn es ihm gelänge, hie und da durch sein Wort eine heilsame Erinnerung zu wecken, einen Blick zu schärfen, einen Willen zu stärken, die Kette fester zu ziehen, welche unsere Ostmark mit dem vielfach bevorzugten Westen, dennoch zu beider Ehre und Gewinn verbindet. Nachsichtige Freunde wollten diese Blätter gesammelt sehen, um Empfänglichen und Gleichgesinnten zu ruhiger Erwägung in die Hand zu geben, was in den Spalten eines Tageblattes sich leicht im Gedränge verliert. Auf alle Fälle mögen dieselben ihnen den herzlichen Gruß des Landsmannes bringen, der die liebe, altpreußische Heimath auch in der Ferne nimmer vergißt.

Frankfurt a. M., den 5. August 1872.

F. Kreyßig.

Inhalt.

		Seite.
I.	Deutsche und Slaven	1
II.	Der slavische Untergrund	12
III.	Die Eroberung	22
IV.	Der Rückschlag	40
V.	Die polnische Zeit	74
VI.	Wieder Daheim	109

Unsere Nordostmark.

I.
Deutsche und Slaven.

Ein Wort über Eroberungsrecht.

Wir wollen hier keine Geschichte der Berührungen zwischen Deutschen und Slaven schreiben. Eben so gut fände das Meer im Trinkglase Raum. Noch viel weniger ist es unsere Absicht, das bevorstehende Säcularfest unserer Heimkehr ins Vaterhaus zum Anlaß leidenschaftlicher Ergüsse, gehässigen Streites mit Nachbarn und Mitbürgern zu machen, unser Bild im deutschen Tugendspiegel zu zeigen und Gott zu danken, daß wir nicht sind wie der und der und wie die und die. Wenn geschichtliche Denktage ihre Berechtigung haben, so geht diese wahrlich nicht dahin, den Hochmuth der Sieger zu streicheln, die Wunden der Besiegten aufzureißen, dem alten Groll neue Nahrung zu geben. History tells the crimes and follies of mankind, hat man gesagt. Wenn, und soweit das wahr ist, ist es von allen Völkern wahr, und wenn die Geschichte sonst Nichts zu erzählen wüßte, so thäten wir am besten, sie an unsern Festtagen mit dem Mantel der Liebe zu verhüllen. Aber, Gottlob, es sind an dem „sausenden Webstuhl der Zeit" doch nicht alle Fäden zerrissen und verwirrt; es ist immerhin ein Stück fertig geworden von dem „lebendigen Kleide der Gottheit"; es ist hie und da ein redliches Stück Arbeit gelungen, ein Samenkorn aufgegangen und gediehen zum fruchtreichen, weitschattenden Baume, wenn auch meist auf blutgetränktem Erdreich. Wenn, nur zu oft, das glückverheißende Leben sich in Tod und Verderben verkehrte, so ist doch nicht selten auch aus dem Tode neues, schöneres Leben erstanden, und hie und da hat auch Verfall, Erstarrung sich als Scheintod erwiesen, dem ein nochmaliges schöneres Aufblühen folgte. Diese Treupfänder des Schicksals, diese tröstlichen Wahrzeichen der Hoffnung, diese Siege der Arbeit, der Vernunft, des zum Selbstbewußtsein erstarkenden Menschengeistes sind es, welche wir in geschichtlichen Denkzeiten feiern dürfen und wollen, in friedfertigem und aufrichtigem Sinne, und darum schicken wir uns an, hier in Erinnerung, Erzählung und Betrachtung unser Scherflein beizutragen zur hundertjährigen Feier der — ersten Theilung Polens.

Fällt uns denn da nicht die Feder, dem Leser nicht das Blatt aus der Hand? „Hat die Germania Omnivora, das Alles verschlingende deutsche Ungethüm denn nicht genug an dem straflosen Besitz seiner Beute? Muß es die Gemißhandelten auch noch verhöhnen? Muß es mit frommem Augenaufschlag auch noch von Arbeit und Tugend und Vorsehung, von Frieden und Glück sprechen, wenn es seiner erfolgreichen Unthaten, der bis jetzt erfolgreichen, sich erinnert? Fürchtet man nicht, daß die rächenden Blitze drein schlagen, wenn man, ein Jahr nach dem Bombardement von Paris, auch noch geflissentlich an die dunkeln Thaten von 1772 erinnert? Gehören jene Vorgänge unserer Geschichte nicht zu den Ueberlieferungen, die wir vielmehr aus dem Gedächtnisse der Menschheit auslöschen müßten, wenn wir es könnten?"

Wir würden einem heißblütigen Polen, der uns hier dieses oder Aehnliches zuriefe, vor der Hand gar nicht böse werden, auch nicht über die Moralität der Kaiserin Catharina, des alten Fritz, des Prinzen Heinrich und des Fürsten Kaunitz mit ihm streiten. Aber für einige geschichtliche Erinnerungen und Erwägungen würden wir vorläufig um Aufmerksamkeit bitten.

Germania Omnivora! Das Alles verschlingende Deutschland! Ja, es ist nicht zu leugnen, wir sind ein eroberndes Volk, wir haben unsern reichlichen Antheil an der Saat von Gewaltthat, Blutvergießen, und auch Sieg und Schlachtenruhm, welches „Japhets verwegenes Geschlecht" im Laufe der Jahrtausende über die Felder der Geschichte dahin gesäet hat. Und nicht alle die blutigen Samenkörner sind aufgegangen zu Sieg und Ruhm, lange nicht alle zu dauernder Machtvergrößerung, Besitzerweiterung, oder gar zu wahrer Förderung menschlicher Cultur und Sitte! Als die Knochen der Cimbern und Teutonen auf den Ebenen um Vercellae und Aquae Textiae bleichten, erzählten kaum mehr rauchende Trümmer, verheerte Felder, geschweige denn irgend eine Förderung oder auch nur Aenderung der bestehenden Dinge von den grimmen Nordlandsriesen, vor deren Schlachtruf die Legionen erbleicht waren. Was fünfhundert Jahre später die Krieger des Odoaker, des Dietrich von Bern auf italienischem Boden thaten und litten, das lebt hie und da fort in Sage und Lied; ein Gewinn für die Menschheit, ein Gewinn auch nur für germanische Macht und germanischen Einfluß ist davon nicht zu verzeichnen. Mit tieferer Schrift gruben Longobarden, Westgothen, Burgunder, Westfranken ihrer Thaten Gedächtniß in das Buch der Geschichte, und auch der Ungelehrte liest es da noch heut in den Namen der Völker nicht nur, sondern auch in Sitte, Kunst, Gesetzen, in Gestalt des Körpers sogar und Gesichtszügen. Das germanische Blut verleugnet sich nicht in den

athletischen Formen, der berbern Kraft des Lombarden, des
Kastilianers, des Nordfranzosen, die germanische Art lebt fort
in ritterlicher Gesinnung, in religiöser Hingebung, in Aus=
dauer und Kraft. Aber die Mutter ist von allen diesen Kin=
dern verleugnet worden und wird noch heute verleugnet. Sie
haben die Schlachten Roms geschlagen, nicht nur im Solde
der alten Imperatoren, sondern auch in der Botmäßigkeit
ihrer schlimmeren Nachfolger, „deren Reich nicht von dieser
Welt ist." Vergeblich hat man bis ins dreizehnte, ja bis ins
sechszehnte und neunzehnte Jahrhundert hinein deutsches Blut
in immer neuen und neuen Strömen, in Krieg und Frieden
für das Land jenseits der Alpen verschwendet. Jene Seite
der Welt steht uns heute so fremd, so feindlich gegenüber,
wie zu den Zeiten des Tiberius und des Varus. Aber jenseits
des Meeres, auf der nebligen, sturmumtosten Insel, der eine
vierhundertjährige Römerherrschaft Nichts zurückließ als die
Erinnerung, ist ein bescheidener Sproß aus dem deutschen
Walde zum mächtigen Baume erwachsen, und seine Absenker,
fort und fort vermehrt und verstärkt aus der Heimath, be=
schatten heute mehr als die Hälfte der Erde. Wenn auch
Engländer, Amerikaner, Australier nicht Deutsche geblieben
sind, so bewahrte der angelsächsische Stamm doch den deut=
schen klaren ruhigen Sinn, die deutsche Freude an der Arbeit,
vor Allem den Muth und die Selbstständigkeit des deutschen
Gedankens. Noch sah kein Schlachtfeld Deutsche und Britten
in feindlichen Reihen. Und was mehr sagen will: auf den
Schlachtfeldern des Geistes, wo die Geschicke der Menschheit
in letzter Instanz sich entscheiden, haben wir uns mit unsern
überseeischen Vettern noch stets unter der Fahne des freien
Gedankens, der persönlichen Unabhängigkeit zusammen=
gefunden, gegen den Ansturm romanischer Phantasie und
romanischen Despotensinns. So jenseits des Meeres und
im fernen Westen. Nicht so weitreichend, aber noch unmittel=

barer, handgreiflicher und in mancher wesentlichen Beziehung wichtiger sind unsre Eroberungen im Nordosten gewesen. Bis an die Elster und Saale, ja bis an die Leine und Werra wohnten vom sechsten bis zum achten Jahrhundert slavische Stämme. Elbe, Oder, Weichsel, Pregel hörten nur slavische Laute; im alten Markomannengebiet, zwischen Riesengebirge und Böhmerwald, in den Donauebenen der Quaden, in den norischen und rhätischen Alpenthälern war der Slave daheim, wie am Dnieper, am Don und der Wolga. Der germanische Völkerstrom, in weit ausgebreiteter, flacher Ueberschwemmung des Südens und Westens erschöpft, fluthete nur noch in schmalem Bette dahin. Jetzt ist Oesterreich ein deutsches Land, deutsche Städte und Dörfer sind bis an die Karpathen mehr oder weniger dicht gesäet, wie zahllose Inseln im slavisch-magyarischen Merre. Und gar im Norden: Wo Wilzen und Heveller ihrem Zernibog opferten, liegt die Kaiserstadt des neuen, deutschen Reiches. Brandenburger, Schlesier, Pommern, Preußen, lauter Kinder oder doch Erben altslavischer Erde, haben zumeist die Schlachten geschlagen, die seit zweihundert Jahren Deutschland wieder zu Ehren brachten. Das Land der Obotriten schrieb die Namen Blücher und Moltke in unsere Geschichte, das preußische Samland den größern Namen Kant, und wenn jenseits der Memel bis zur Newa und zum Ilmensee das Schwert verloren hat, was das Schwert gewann, so begrüßen die Eroberungen des deutschen Hammers und Meißels, des deutschen Wortes und Gedankens den Deutschen auch heute noch mit heimischem Behagen, heimischer Bildung und heimischem Laut bis weit hinten in den Städten der endlosen sarmatischen Ebenen.

Fragen wir nun (und die Frage drängt sich auf) woher hier der Segen und dort der Fluch, dort die nutzlose Vergeudung der Kraft, der blendende Scheinerfolg, der leere bald verhallende Kriegsruhm, der Untergang der Eroberer in fremder Sprache und Sitte, bis zur Umkehrung des innersten Denkens und Fühlens — hier dagegen der bleibende Machtgewinn, die auf das Heimathland wohlthätig, ja rettend und maßgebend zurückwirkende Entwickelung deutscher Volkskraft auf fremdem, oder doch entfremdetem Boden? so fällt das Eine sogleich in die Augen: Von einem Walten höherer Gerechtigkeit im Sinne patriotischer Dichter, Volksredner, oder der ihnen zujauchzenden Biedermänner ist da nirgends Etwas zu spüren. Der schöne Spruch: „Recht muß doch Recht bleiben", hat nicht erst seit Bismarcks Sieg über die Fortschrittspartei einen schweren Stand gegen die Weltgeschichte; oder wenigstens das Recht der Geschichte muß dann ein ganz anderes Recht sein, als das Recht des Katechismus und der Moral. Wir machen in dieser Beziehung keine Ausnahme von der Regel, und es ist keine mit uns gemacht worden. Alexander hatte soviel Recht gegen Persien, die Hunnen Gothen so viel Recht gegen das Abendland, die Hohenstaufen so viel Recht gegen Italien, als die Römer gegen ihre Provinzen, als die Angelsachsen gegen Amerika und Australien, als Deutsche gegen Wenden, Polen, Preußen, und doch sind die Eroberungen der Einen im Sande zerronnen, die der Andern haben die Menschheit erneuert und befruchtet. Auch nicht einmal das Benehmen, die Art, etwa die Milde und Großmuth des Eroberers hat immer den Ausschlag gegeben. Die Ostgothen waren der mildeste, gerechteste deutsche Stamm, der römischen Boden betreten hat; sie gingen zuerst zu Grunde. Die Franken übertrafen alle an Grausamkeit, Arglist und Wildheit; sie haben sich am längsten gehalten und am meisten geschaffen. Die deutsche Gemüthlichkeit und der deutsche Rechtssinn hatte mit den Kämpfen der Deutschordens-Ritter so wenig oder so viel zu schaffen, wie mit der Politik des Schwertordens oder der, welche zu den Theilungen Polens führte; dennoch ist Preußen deutsch geworden, Posen im Begriff es zu werden, Kurland und Livland aber sind wieder verloren gegangen. Viel bedeutete in diesen Dingen die Oertlichkeit, die geographische Lage. Bequeme Nähe des Stammlandes, natürliche Communication, leicht zu schützende Grenzen, zumal Gebirgsgrenzen, erleichtern die Behauptung eroberter Landstriche, das Uebergehen unterworfener Stämme in die Volksart des Siegers. Vogesen, Jura, Alpen sind dessen Zeugen. Sie bilden auf weiten Strecken seit anderthalb Jahrtausenden die Grenzen deutscher Art gegen Westen und Süden. Schlesien wäre nicht so leicht und vollständig auch innerlich preußisch geworden, wenn Riesengebirge und Sudeten ihm nicht die Wege nach Süden verlegten, sein Strom nicht nach Norden wiese, in preußisches Gebiet, zu preußischen Häfen. Umgekehrt war das ungeheure slavische Hinterland für die deutschen Häfen, Kaufhäuser und Herrensitze am baltischen Küstensaume von Anfang an eine verhängnißvolle Nachbarschaft, wird sich auch stets, über alle Wechselfälle kriegerischer und diplomatischer Erfolge hinaus, als solche erweisen: wie wir denn überzeugt sind, daß die jetzt so lauten Klagen unserer baltischen Stammesgenossen gar bald in Sehnsucht nach den „Fleischtöpfen Egyptens" umschlagen würden, wenn es einem überpatriotischen, siegreichen deutschen Staatsmanne je einfallen sollte, sie unsern ethnographischen Enthusiasten und der Schlußstrophe des Vaterlandsliedes zu Liebe von Rußland loszureißen. Unbedingt und ausnahmslos aber ist selbst dieses tief eingreifende Moment für die Haltbarkeit und Nutzbarkeit von Eroberungen nicht maßgebend.

Durch slavische Landschaften, Pommern und Polen, vom deutschen Mutterlande getrennt, ohne Naturgrenzen gegen das endlos im Süden, Osten, Norden sich dehnende sarmatische Tiefland, durch Handel und Verkehr jeder Art keineswegs auf Deutschland hingewiesen, sondern auf die getreide- und holzreichen, und industriearmen polnischen und littauischen

Nachbarn, einem der hartnäckigsten, tüchtigsten, zähesten Slavenstämme abgerungen in halbhundertjährigem Kampfe, hat Altpreußen deutsche Sprache und Gesittung unveränderlich bewahrt, während an dem viel näher liegenden, durch seine Flüsse auf das deutsche Obergebiet angewiesenen Posen die Heereskraft der sächsischen und salischen Kaiser mehr als einmal sich brach, und auch heute noch der vordringende deutsche Einfluß nur mit mäßigem Erfolge sich abmüht. Und nicht anders haben an unserer Westgrenze die Vogesen den Wälschen nicht verhindert, einen urdeutschen Stamm aus seiner ganzen Umgebung, seiner natürlichen Heimath heraus zu reißen, wie ein Stück aus einem Gewand; ihn hinüberzuziehen mit Herz und Sinnen zu dem Volke jenseits der Berge, dessen Sprache, Sitte, Character, Religion ihm fremd war und ist. Kaum giebt es auf irgend einem Festlande ein Stück Erde, dem die Natur den Stempel der Einheit so aufgedrückt hat, als dem obern und mittlern Rheinthal. Wie das fruchtbare Gelände sich ausbreitet, zu beiden Seiten seines prächtigen Stromes, zwischen Schwarzwald und Vogesen, Odenwald und Donnersberg, Taunus und Hunsrück, Westerwald und Eifel, scheint es zum Wohnplatz eines zusammengehörigen, nach Ost und West hinter gewaltigen natürlichen Mauern verschanzten Stammes mit Nothwendigkeit bestimmt, scheint es das Wort: „Was Gott gebunden hat, soll der Mensch nicht scheiden", zum natürlichen Wahlspruch erhalten zu haben. Die allemannischen Kehltöne klingen seit zwei Jahrtausenden auf beiden Seiten des Oberrheins; aber fast nie, die älteste allemannische Zeit abgerechnet, haben Elsaß und Baden, Pfalz und Rheingau ein Gemeinwesen gebildet, wenn sie gleich lange genug der Heerfahne der deutschen Kaiser gefolgt sind. Mit einem Worte: Viel kann die Natur thun, Menschen zu trennen und zu verbinden. Die Hauptsache aber thut der Mensch; der

Mensch, nicht als Naturwesen, vom Instinct beherrscht, sondern in freiem, sittlichem Walten. Unendlich mehr als Abstammung bedeutet die Sprache; unendlich mehr als die Sprache bindet und trennt die Religion; und noch stärker als die Religion erweisen sich Freiheit, Recht, Entwickelung der Interessen, um Völker zu binden und zu trennen. Man muß blind sein oder geflissentlich die Augen schließen, um das zu verkennen. Es ist eine kindische, rohe, barbarische Anschauung, die bei jedem wichtigen historischen Vorgange mit dem Gerede von der Race, vom Blute bei der Hand ist. Wenn englische Geschichtsphilosophen die Knochen der Beinhäuser wiegen, um aus dem größern Gewicht der englischen Schienbeine und Rippen den Weltherrscherberuf Altenglands zu deduciren; wenn französische Publicisten sich abquälen, die Preußen zu Slaven, den Fürsten Bismarck zu einem Wilzen, den Grafen Moltke zu einem Obotriten zu machen, um nicht von den gehaßten deutschen Dickköpfen besiegt worden zu sein, wenn preußische Polen (wir sprechen aus persönlicher Erfahrung) unsere Erfolge von 1864 lediglich durch die Betheiligung des achtzehnten und neunzehnten (polnischen) Regiments und durch die Hilfe der slavischen Oesterreicher erklärten, so stellten sie damit ihrem Culturbewußtsein ein trauriges Zeugniß aus. Der evangelische, preußische Littauer steht an Sinnesweise, ja an Gestalt seinem deutschen Nachbarn, dessen Sprache er nicht einmal versteht, weit näher, als seinem katholischen, verpolten und verrußten szamaitischen Stammesbruder. Die verschieden sprechenden Waadtländer, Tessiner, Berner und Züricher fühlen sich längst mit Freude und Stolz als Schweizer. Seit wie lange aber fühlen sich die gleich redenden Sachsen und Preußen und Hannoveraner in gleicher Empfindung als Deutsche? Und was die Eroberungen angeht, so ist auch ihr Gelingen und Mißlingen, ihr Segen oder ihre Verderblichkeit weit mehr ein Werk des frei handelnden, vernunftbegabten und seine Vernunft brauchenden Menschen, als irgend welcher Naturgewalten und Umstände. Die Geschichte ist die große Rennbahn der menschlichen Freiheit, des menschlichen Willens, der menschlichen Tüchtigkeit. Nicht dem Blonden oder dem Braunen, dem Langen oder dem Kurzen, nicht dem Germanen oder dem Slaven gehört die Welt, sondern dem Muthigen, dem Fleißigen, dem Verständigen, dem Ausdauernden. Es kommt nicht darauf an, ob unsere Sprache gurgelt oder zischt, sondern ob wir sie zum Ausdruck vernünftiger Gedanken oder thörichter Leidenschaft machen. Und wenn es vermessen wäre, in übermüthigem Vertrauen auf unsern Menschenwitz von der Natur uns loszureißen und ihre heiligen Bande zu mißachten, so wäre es nichts desto weniger sclavisch, kindisch und thierisch, wenn wir darüber unseres Erstgeburtsrechts, unserer sittlichen Freiheit vergäßen und uns in den willenlosen Dienst der Elemente begäben. Wir haben oben ganz freimüthig zugestanden, daß kein Besitz der Völker, und vollends keine Eroberung, die deutschen so wenig wie die französischen, russischen, englischen oder, ihrer Zeit die polnischen, die Prüfung an dem Maßstabe des strengen Privatrechtes erträgt. Deshalb sind wir jedoch nicht etwa gemeint, den Eroberern die Prüfung ihres Rechtstitels zu erlassen, oder dieselbe für uns, in Westpreußen oder wo es sonst sei, abzulehnen. Ganz im Gegentheil. Wir fordern diese Prüfung heraus: nur daß man uns nicht in erster Linie frage: Wie habt ihr diese und diese Provinz gewonnen? sondern: Wie habt ihr sie behauptet? Was ist sie unter euern Händen geworden? Wie seid ihr umgegangen mit Menschen und Sachen? Fällt hier der Wahrspruch zu unsern Gunsten aus, so haben wir gar keine Veranlassung, mit den Vorgängen und Thaten Bemäntelung und Schönfärberei zu treiben, welche die Schicksalswürfel über dieses oder jenes Stück Erde, das wir jetzt

unser nennen, dahin rollen ließen. In diesem Sinne, wahr=
haftig und unparteiisch, wie es dem Deutschen geziemt, ge=
denken wir hier einige der Erinnerungen zu gestalten, welche,
noch unter dem Nachklange des Jubels über die wiederge=
wonnene Westmark, die bevorstehende Feier unserer west=
preußischen Heimkehr an Preußen in unserer Seele aufsteigen
läßt. Es sollen Worte, nicht des Hasses und Hochmuthes,
werden, sondern der Verständigung über das Wirkliche, Mög=
liche und Nothwendige, wenn nicht der Versöhnung.

II.
Der slavische Untergrund.

Als Fürst Bismarck von den Franzosen Elsaß und ein Stück Lothringen verlangte, hat sich Mancher gewundert, daß dabei von „deutscher Erde", von „altem heiligem Reichs= boden", von „deutscher Sprache und deutschem Blut" so ganz und gar nicht die Rede war. Mit jener Offenheit und Nai= vetät des Genies, die schon so manchen Staatsweisen und so manchen Volkstribunen zur Verzweiflung gebracht hat, sprach der Kanzler ganz schlichtweg von den starken Grenz= festungen, die wir nöthig hätten, um künftige französische An= griffe leichter (allenfalls auch mit unserer halben Macht) ab= zuwehren. Wo dann die andere Hälfte bleiben würde, das mochten sich die überlegen, welche zunächst Veranlassung hatten, für die Nichtberührung der nationalen Gewissens= fragen sich zu bedanken. Aber auch wenn in Rußland nicht deutsche Städte und deutsche Herrensitze lägen, und wenn es auf Rußlands „freundliche Neutralität" nicht angekommen wäre, mußte die Formulirung und Begründung des deutschen Anspruchs, wie Bismarck sie gab, als die richtige anerkannt werden. Oder geht es den Staatsmann an, welche Besitz=

veränderungen das Stück Boden im Laufe der Zeiten erlebt hat, welches er augenblicklich beansprucht? Hat die Giltigkeit der Verträge Etwas mit den früheren Verhältnissen zu thun, an deren Stelle sie treten? „Wenn Jeder nach Verdienst belohnt würde, wer wäre vor Schlägen sicher?" Und wenn man jeden Besitzstand nach Nationalitätenrecht und Herkunft untersuchte, wer hätte die Liquidation nicht zu fürchten? Das sind einfache Elementarfragen, über welche unter praktischen Politikern kein Streit ist. Aber ein anderer ist der Standpunkt des Staatsmannes, der bestehende Verhältnisse amtlich vertritt, ein anderer der des fühlenden Patrioten und der des wissenschaftlichen Betrachters. Das blutende Herz ist nicht mit Pergamenten und Siegeln zur Ruhe zu bringen; und die ruhige und gründliche Erwägung der bestehenden Zustände und ihrer Ansprüche auf dauernde Geltung darf auch die halbverlöschten Schriftzüge nicht außer Acht lassen, welche die Wechselfälle der geschichtlichen Ereignisse dem Boden eingruben, um dessen Gegenwart und Zukunft es sich handelt. Es mag rechtlich ganz gleichgiltig sein, ob die Urwälder des Weichselgebiets früher den Jagdruf des Germanen oder den des Slaven vernahmen. Für unser Gefühl ist die Frage nicht ohne Interesse, und in unsern Jubiläumsbetrachtungen nimmt sie ihr Plätzchen in Anspruch.

Wer das ungeheure mittel- und osteuropäische Tiefland zwischen Elbe und Ural, zwischen den Karpathen, der Ostsee und dem eisigen Nordmeere auf der Karte betrachtet, oder wer gar Gelegenheit hatte, seine Ebenen, Wälder, Sümpfe, Flußniederungen zu durchstreifen, den wird es nicht Wunder nehmen, hier die große Wahlstätte unentschiedener ethnographischer Streitfragen und Räthsel zu finden. Das Land ist, jetzt wenigstens, mit nichten überall die trostlose, einförmige Steppe, als welche westeuropäische Betrachter, an ihre Gebirgsprofile und mannigfach wechselnden Bodenformen gewöhnt, es oft dargestellt haben. Wenn zwischen der untern Oder und Weichsel der Kiefernwald, die magere Haide und der Torfbruch vorherrscht, so fehlt es zwischen Weichsel und Memel und darüber hinaus, zumal am Küstensaume, nicht an anmuthiger Abwechselung von Wasser, Laubwald, Hügel= gelände, fetten, fruchtbaren Flußwiesen, und die undurch= bringlichen Urwälder, von welchen noch die Berichterstatter des dreizehnten und vierzehnten Jahrhunderts zu sagen wissen, bezeugen wenigstens eine gewaltige Triebkraft des Bodens. Vergeblich aber sucht der Blick jene Gliederung, jene natürlichen Völkerscheiden, an denen im europäischen Westen die Grundformen des historischen Lebens sich heran= gebildet haben. Keine Alpenkette trennt Nord und Süd; der Wagen des Sarmaten, das Roß des Skythen fand kein ernstliches Hinderniß von der Ostsee bis zum schwarzen Meere. Keine von Berg und Meer umschlossenen Halbinseln, keine hochumrandeten Tiefländer bilden natürliche Festungen, ge= gebene Sammel= und Ruheplätze der sich drängenden Horden. Wie viele Jahrhunderte mag es gedauert haben, ehe die wachsende Bevölkerung in diesen mächtigen, rauhen und wilden, aber für den Hirten, den Jäger, den Ackersmann nicht undankbaren Weiten auch nur das Bedürfniß künstlicher Grenzen empfand! Dazu die von dem bunten Völkertreiben des freundlichen Südens und Westens weit abgewendete Lage! Wohl fand der Kaufmann trotz alledem frühe, sehr frühe den Weg durch die Nordsee und durch die Thalweiten des Dnieper, des Don, der Wolga, zu dem hyperboräischen Lande, dessen sturmumtoste Küsten sich mit dem geheimniß= vollen, brennbaren duftenden Wunderstein der vorweltlichen Tiefen bedeckten. Aber unsere Kenntniß hat dabei wenig ge= wonnen. Keine Forschung berichtet, wie weit die Germanen der Vorzeit gen Osten wohnten, ob skandinavische Gothen am baltischen Meer den ersten Bernstein fischten, tausend Jahre

ehe skandinavische Waräger die Stämme des innern Skythen-
landes zum russischen Volk zusammen schmiedeten: ob die
Aestyer, welche schon Pytheas 300 Jahre vor Christi Geburt
östlich der Weichsel fand, wirklich Nichts anders sind als
„Männer des Ostens, Esthen." Sicher ist es dagegen, daß
um die Mitte des sechsten Jahrhunderts andere Stämme,
von den Germanen körperlich und geistig vielfach verschieden,
von der Donau bis zur Ostsee schweiften. Groß und kräftig
nennt sie Procopius, mit nicht sehr weißer Haut, und mit
röthlich-braunem Haar. Er weiß auch von ihrer Unreinlichkeit
zu erzählen, von ihren elenden Hütten, von ihrem wilden
Kriegsmuth, ihrer Zerstörungswuth, und ihrer freien Gemeinde-
verfassung. Von ihrer Gutmüthigkeit gegen Gefangene und
von ihrer Musikliebe berichtet Mauritius. Die Grundzüge
der Race sind unverkennbar; sie haben sich in dreizehn Jahrhunderten nicht verwischt, so mannigfach immer Klima, Lebensweise, Schicksale und Bildung auf dem ungeheuern, von
Slaven bewohnten Gebiet sie umbilden mochten. In scharfen
Gegensatz, innerhalb der Grundbildung des Stammes, treten
frühzeitig die wendische, die lettische, die polnische Gruppe.
Die Wenden zwischen Weichsel und Elbe, längs der Küste,
nach Süden bis ans Lausitzer und Erzgebirge verbreitet, in
einzelnen Vorposten noch weiter nach Westen vorgeschoben,
bilden in Culturfähigkeit und Anlagen das Mittelglied zwischen
der germanischen und slavischen Völkerkette. Seßhaftigkeit,
Vorliebe und Geschick für Feldbestellung und Häuserbau wird
ihnen frühzeitig nachgerühmt. Nach urgermanischer Art sind
sie mehr Fußgänger als Reiter; zu Handel und Gewerbe
haben sie eher sich gewandt, als alle Andern ihres Stammes,
ihre Städte Julin und Vineta sind schon vor dem zehnten
Jahrhundert der Sammelplatz gewinnreichen Verkehrs, ja
Stätte eines gewissen verfeinerten Luxus, am baltischen Meere,
dem „Wendischen Busen", wie man damals sagte. Trotzig,

tapfer, zäh, haben sie, nach tüchtigem Widerstande dennoch frühzeitig und vollständig das christliche Germanenthum angezogen wie einen neuen Leib. Bei einigen ihrer Stämme (den Obotriten im Norden, den Sorben im Süden) hat es nicht einmal der Gewalt bedurft, sie uns zuzuführen; die obotritische Herzogsfamilie ist dafür noch heute die einzige Dynastie slavischen Blutes auf den Thronen Europas. Wo immer der Deutsche sich mit ihnen vermischte, in Brandenburg, Meklemburg, Pommern, erwuchs ein Geschlecht, deutsch an Sprache, an gediegener, häuslicher Sitte, an Arbeitskraft und Arbeitsfreude, und dennoch wieder eigenartig in zäher Ausdauer, scharfem, trockenem Mutterwitz, kühlem Humor, Empfänglichkeit für die Staatsidee, für Disciplin, für festes nationales Zusammenhalten. Schwaben hat uns die Hohenzollern, die klugen, weitblickenden Werkmeister unserer staatlichen Wiedergeburt gegeben. Aber die nordische Natur gab den Hohenzollern ein schneidiges, elastisches, unverwüstliches Werkzeug in den kräftigen, gewandten, gedrungenen, kaltblütigen Söhnen der märkischen Fichtenwälder und Moore und der pommerschen Küsten; und vielleicht ist es nicht ganz ethnographischer Aberglaube, wenn uns der klare, nüchterne, scharfe Verstand, der gerade Sinn, die ruhige Zähigkeit der meisten Hohenzollern an geheimnißvolle Einflüsse des Landes und des Volkes zu erinnern scheinen.

Den Wenden zunächst, von der Weichselmündung bis zum finnischen Meerbusen, meist in nicht breitem Küstengebiet nur an der Memel und Wilia tiefer hineingreifend ins große slavische Festland, wohnte in drei Zweigen ein zweiter slavischer Hauptmann, der preußisch-lettische: verschieden in körperlicher Stattlichkeit, Bildung und Selbstbewußtsein, nach Maßgabe des in diesem Küstenstrich merkwürdig schnell und schroff von Süden nach Norden sich verschlimmernden Klimas und der Freigiebigkeit oder Kargheit des Bodens; aber gleich an tief gemüthlicher Anlage, dichterischer Begabung, tapferem und doch, wenn nicht gereizt, friedlichem Charakter; städtischem Leben und städtischen Künsten fremd und abgeneigt, aber nicht unkundig des Landbaus und mancher guten Hantierung, ein urwüchsiges, frommes, lebensfrohes Bauernvolk, voll inniger Anhänglichkeit an die heimische Flur, das Waldrevier, die alte Sitte und die alten Götter, wenig wanderlustig; sonst den riesigen, blonden, weißhäutigen und blauäugigen Germanen des Tacitus ähnlicher als irgend ein anderes Menschengeschlecht. Der scharfe, kühle Witz der Wenden mildert sich bei den Nachkommen der Preußen und Littauer zu ruhigem, gutmüthigem Menschenverstande, nicht ohne eine Zugabe von Phlegma. Aber an Gemüth und Phantasie sind sie reicher, tapfer ohne Wildheit, dabei gastlicher, lebensfroher als die reinen Germanen, mit denen sie in Preußen ein Herz und eine Seele geworden sind, ohne den Stempel ihrer eigenen, ursprünglichen Art zu verlieren. Ihr nördlicher, lettisch-finnisch-esthnischer Zweig ist unter schwerstem Druck von Deutschen und Russen verkümmert; der littauische bildet jetzt ein Paar wunderbar lehrreiche Seiten in dem großen Exempelbuche des europäischen Völkerlebens. Der protestantische Littauer in preußischem Gebiet hat seine wunderschöne Ursprache, seine Dichtung bewahrt. Er ist durchschnittlich ein fleißiger, wohlhabender Bauer, auch in Fischfang und Seefahrt geschickt. Die Hünengestalten seiner Söhne zieren die preußische Garde, und seine berühmten Reiterregimenter waren von je die Augenweide und der Stolz unserer Heerführer. Was ihm von culturwidrigem Urmenschenthum anhaftet, ist harmlos, abgesehen von seiner Wehrlosigkeit gegen den dämonischen Zauber des Feuerwassers, den er mit allen nordischen Naturvölkern theilt. Dem gegenüber hat sein Stammesbruder jenseits der Grenze die alte, schöne Sprache mit dem häßlichen szamaitischen Mischdialekt vertauscht, er hat seine Nationaldichtung ver=

gessen, ist sprüchwörtlich roh, schmutzig, arm, diebisch, gewalt=
thätig. Rom und Polen haben sich seiner angenommen, und
das Werk lobt den Meister.

Und Polen? der feste kriegerische Kern der westslavischen
Welt, das starke Bollwerk gegen den vorbringenden Germa=
nismus im Westen und gegen die byzantinisch=russische Bar=
barei im Osten? Wie man weiß, führen seine Anfänge, das
will sagen sein Auftauchen aus der großen slawischen Völker=
fluth, seine eigenartige Gestaltung zu staatlichem und gesell=
schaftlichem Leben ins zehnte Jahrhundert zurück und in die
sandigen Ebenen und die Niederungen zwischen Warthe und
Netze. Um Kruszwice, Posen und Gnesen lagen die ersten
Sitze der Piasten, von da sind sie vorgedrungen zur Weichsel,
zur Pilica, bald bis zur Oder und zum pommerschen Meer
auf der einen, bis zum Bug und Dniepr auf der andern
Seite; vom ersten Anfange an ein eroberndes, auf Krieg,
Beute, Abenteuer gerichtetes ritterliches Volk. Seinen Charak=
ter zu zeichnen, möchte sich für uns nicht geziemen. Wir ge=
denken später so einfach und schlicht als möglich die That=
sachen reden zu lassen; zunächst aber mag ein Kundigerer
als wir, ein geschichtskundiger Pole das Wort ergreifen:
„Der polnische Adel ist voll Begierde nach Ruhm, zum Raube
geneigt, der Gefahren und des Todes Verächter, in Ver=
sprechungen wenig zuverlässig, gegen Untergebene hart, mit
der Zunge schnell, zur Verschwendung geneigt, aber treu
seinem Fürsten, dem Ackerbau und der Viehzucht ergeben,
gegen Fremde und Gäste menschlich und gütig und mehr als
alle anderen Völker der Gastlichkeit hold. Das Bauervolk
neigt sich zum Trunke, Zank, Schlägerei und Mord hin.
Nicht leicht möchte man bei einem anderen Volk so viele
Mordthaten finden. Es flieht vor keiner Arbeit und Be=
schwerde, duldet Kälte und Hunger, ist abergläubisch, zum
Raube geneigt, Verfolger von Feindschaften, nach Neuem be=

gierig, für die Erhaltung seiner Wohnung wenig besorgt, mit leichtem Putz zufrieden, muthig und tollkühn, an Geist schwerfällig, im Benehmen voll Anstand, an Kräften ausgezeichnet, von hohem Wuchs, starkem Körperbau, wohlgestaltet, bald von weißer, bald von dunkler Farbe, wild." So hat Dlugosz am Ende des fünfzehnten Jahrhunderts seine Landsleute, auf der Höhe nationaler Macht und Blüthe, gesehen und geschildert. Was wir aus früherer Zeit erfahren, von den stattlichen wilden Reitern, welche Miesco und Boleslav Chrobry in Sachsen, Böhmen, Pommern und in den Waldgeländen Volhyniens und Podoliens bis nach Kiew hin, zu Sieg und Beute führten, von den Kriegern, die mit Jagello bei Tannenberg siegten, und aus spätern Tagen von den glänzenden „Franzosen des Nordens", die während des sechszehnten, siebzehnten und achtzehnten Jahrhunderts, in Ritterlichkeit und Jesuitendienst (für den richtigen Jesuitismus ist der Pole doch kaum geschaffen), in Galanterie und naturwüchsiger Rohheit, in abligem Unabhängigkeitsfanatismus und käuflicher Hingabe an das Ausland der Ernte von 1772 entgegen reisten, verhält sich zu den Zügen dieses Bildes wie der rohe Knabe und der ältliche Herr zum vollkräftigen Manne. Die Polen der Piasten und Jagellonen theilen mit unsern germanischen Urvätern, mit allen nordischen Zweigen der arischen Völkerfamilie, den trotzigen Schlachtenmuth, die Freude an Wagniß und Aufregung, wie im Kampf, so in Jagd, Spiel, Trunk und Liebe, das feste Zusammenhalten der Familie und der Sippe, welches, wie bei den suevischen Germanenstämmen und wie bei einem Theile der Russen und der Südslaven noch heute, nicht selten bis zu einer Art communistischer Gütergemeinschaft geht; sie scheinen ursprünglich selbst geneigter zu Landbau und ruhiger Freude am Dasein, als viele germanische Stämme, und an Gastfreundschaft, Herzensgüte, freundlich hingebender Form sind sie den meisten

Germanen, zumal den zähen, kalten, unbestechlich-verständigen, nüchtern-sparsamen niederdeutschen, altsächsischen Stämmen, weit überlegen. Aber wenn ihr Blut heißer in den Adern rollt, so tobt es auch leichter aus; ihr heftiger Ansturm ermüdet bald in Kampf und Arbeit; ihre überströmende Hingebung schlägt nur zu schnell in leidenschaftliches Mistrauen um, sie geben dem Glänzenden nur zu gern vor dem Dauernden und Nützlichen den Vorzug. In Vorzügen und Fehlern sind wir ihnen (speziell wir Norddeutsche) und werden sie uns nur zu leicht antipathisch. Fast nur in Schlesien, wo friedlicher Wechselverkehr sie mit dem warmblütigen, leichtlebigen Frankenstamme zusammenführte, war ihre Mischung mit deutschem Blute gesegnet. Ueberall sonst, zumal aber in Westpreußen, ist von den Ergebnissen der Racenmischung zwischen Polen und Deutschen wenig zu rühmen, und wir würden in Versuchung gerathen, gegen die materialistischen Theorien von unüberwindlichen Racenunterschieden, vom blauen und rothen Blut ausnahmsweise einmal nachsichtig zu sein, wenn unsere biedern, gutmüthigen, kreuzbraven und doch noch recht stark polnisch gefärbten protestantischen Masuren uns nicht wieder einmal belehrten, daß der Geist die Geschichte macht, nicht aber das Blut, und daß es gottlos und sündhaft wäre, an der Möglichkeit der Verständigung unter Menschen zu zweifeln, welche ernstlich die Verständigung suchen.

Dies wären denn, in ihren Hauptzügen und Hauptvertretern gefaßt, die Bestandtheile der nordwest-slavischen Völkergruppe, gegen welche nach fünfhundertjähriger Pause der Rückstau der germanischen Völkerfluth andrang, hier jäh und reißend, wie ein verwüstender Waldstrom, dort langsam steigend wie die segnende, fruchtbringende Nilfluth, anderwärts in unmerklicher, rastloser, unterirdischer Arbeit die Dämme unterwühlend mit der Kraft des Tropfens, der selbst den

Stein höhlt. Schwert und Krieg, Pflugschaar und Axt und Meißel, das Wort des Predigers und des Lehrers und die noch klangvollere Börse des Kaufmanns, bürgerliche Ehrlichkeit und staatsmännische — Feinheit haben dabei abwechselnd und mitsammen ihre Arbeit gethan: nicht ohne Rück- und Fehlschläge, aber schließlich mit dem Erfolge, den wir sehen, und in mächtiger Vorbereitung des kaum geringern, wenn auch anders gearteten, den wir noch hoffen. Es mag erlaubt werden, über den Verlauf und die Art dieser Arbeit hier noch ein Wort zu sagen.

III.

Die Eroberung.

So hatte denn die letzte, die slavische, Woge der Völker=
wanderung weit hingespült über altgermanisches Land, von
der Weichsel (wenn Tacitus recht berichtet ist) bis an die Elbe
und über die mittlere Elbe hinaus, bis zur Saale und zur
Werra. Noch weiter westlich und südlich gelegene slavische
Ansiedelungen, namentlich im Mainthale, in Franken, mögen
mit Fug als Niederlassung von Kriegsgefangenen und Unter=
worfenen unter der Hoheit der Sieger gelten. Was dann
eingetreten ist, jener große Rückstau der germanischen Völker=
fluth, der sich vom neunten bis zum Ende des dreizehnten
Jahrhunderts vollzog, trägt einen ganz entgegengesetzten Cha=
racter. Die Völkerwanderung hatte die erstarrten Formen
einer überlebten Cultur mit neuem Stoff gefüllt, der sich,
nicht ohne Gefahr für seine innere Beschaffenheit, ihnen ein=
schmiegte und bald genug mit ihnen verwuchs — um als ro=
manisches Volksthum in eine neue Entwickelung einzutreten.
Fast ohne Kampf, (wenigstens wissen weder Sage noch Lied
davon zu berichten) breiteten die westslavischen Stämme in
den weiten, dünn bevölkerten Wald= und Haide=Revieren sich
aus. Was zurückgeblieben war von germanischem Volk, aus
Anhänglichkeit an die Heimath oder aus Schwächegefühl, nicht
der Kern, sondern der Bodensatz der westwärts gezogenen

Stämme, scheint sich friedlich mit ihnen gemischt zu haben, denn von unfreien Leuten germanischen Stammes ist, so viel uns bekannt, auf slavischem Boden nirgend eine nennenswerthe Spur zum Vorschein gekommen. Der Pole hat keinen germanischen Zug in seinem Wesen. Was die Wenden angeht, so möchte die Leichtigkeit und Vollständigkeit ihrer Umwandlung in Deutsche beinahe auf die Vermuthung führen, daß sie von vorne herein viel deutsches Blut in sich aufnahmen.

Zwischen ihnen und der von Germanen überflutheten und durchsetzten romanischen Welt aber war ein Theil, nicht der größte, der germanischen Urstämme zurück geblieben: vollständig und ungebrochen nur der alte Sachsenbund, zwischen Elbe und Wesergebirgen; im Rhein- und Maingebiet die östliche Hälfte der fränkischen Stämme, in Thüringen, Bayern und Alemannien suevische Völkergemische, seit dem vierten Jahrhundert allmälig zu eigenartigem Stammesleben verwachsen. Es dauerte lange und hat schwere Schicksale, Blut und Thränen gekostet, bis auch nur annähernd ein Bewußtsein der Einheit diese Männer von gleich schroffem Unabhängigkeits- und Sondergeist mit einander verband. Die fränkische Faust mußte sich mit römischem Schwert, mit römischer Kriegskunst bewaffnen, der dämonische Herrschergeist des alten, völkermordenden Rom mußte in das Gewand der Religion der Liebe und Versöhnung sich kleiden, die schicksalschwere Mißehe zwischen germanischer Urkraft und römischer Staatskunst mußte in einem genialen fränkischen Kriegs- und Kirchenfürsten sich vollziehen, ehe das harte, zähe Waldvolk zwischen Elbe und Rhein, zwischen Nordsee und Alpen einem Heerbann folgte, vor dem einen Zeichen des Kreuzes sich beugte, ehe Sachsen, Thüringen, Franken, Bayern, Alemannen sich zusammenfanden im Gehorsam gegen den weltlichen Herrn der Christenheit. Und wie bald hat sich dann diese erste Frucht der Ehe zwischen der germanischen Welt und Rom wieder als eine verfrühte, wenig dauerhafte erwiesen! Fast mit dem Tode des großen Karl begann für das ostrheinische Deutschland ein Rückfall, Zerbröckelung im Innern, Schwäche nach Außen, der mehr als ein Jahrhundert mit den Berichten von Unbilden, ärgsten Mißhandlungen füllt, welche unsere Vorfahren von Leuten, schlechter und geringer als sie, in unbehilflicher Vereinzelung sich gefallen ließen. Wenn der normännische Wiking aus seinem Seedrachen ans deutsche Ufer sprang, oder der leichtberittene magyarische Beutezug über die Grenze schweifte, ging der Schrecken vor ihnen her, und massenhaft entführten sie die Gefangenen in's Elend. Die Gemeinfreiheit verfiel, der Lehnsadel wuchs heran, aber die Nation ward darum nicht kriegerisch stärker, denn keine Hand fand sich, die Zügel zu führen, welche dem sterbenden Karl entfallen waren. Erst mußte die Noth ihren Gipfel erreichen, bis nach dem Hingange der deutschen Karolinger und den vergeblichen Mühen ihres ersten Nachfolgers, des fränkischen ersten Konrad, der Sachsenstamm die Führung übernahm und die getrennten Glieder des Volkes zu Schutz und Trutz nothdürftig zusammenfügte. Und damit ist denn auch eine Wendung eingetreten in den Verhältnissen des deutschen Landes zu der nordöstlichen, slavischen Welt jenseits der Elbe, in deren Verlauf es wohl noch ein paarmal einen Stillstand, selbst heftige Rückschläge, aber nie mehr vollständige Umkehr oder gänzliches Ermatten gegeben hat. Unsere Grenzen nach Süden, nach Westen, gegen romanisches Land haben seit dem Ende der Karolinger, also seit neunhundertfünfzig Jahren und darüber, sich kaum wesentlich verschoben, so weit es Sprache und Sitte gilt, und gewiß sind sie nicht vorgeschritten weder in Flandern, noch in Lothringen, noch in Burgund, noch in den Hochthälern der Alpen. In Süd-Tyrol gehen sie sogar noch heute beständig zurück. Erst jenseits des Oceans hat die westliche

Welt wieder vorbringende Germanen gesehen. Aber nach Osten hin und zumal im Nordosten, steigt die deutsche Volksfluth seit neun Jahrhunderten, bald plötzlich wie die vom Sturm gepeitschte Welle, bald in ruhigem, kaum merklichem Wachsen. Ein Hinderniß nach dem andern wird niedergeworfen. Eine Landschaft nach der andern bedeckt sich mit den Denkmälern deutscher Herrschaft und deutscher Arbeit. Von zwei Seiten her, von der Elbe und vom Meere werden die slavischen Stämme der unwiderstehlichen deutschen Uebermacht inne, und am Ende des dreizehnten Jahrhunderts herrscht deutsches Recht und deutsche Sprache in Meklemburg und Brandenburg, sind Pommern und Niederschlesien und die Lausitz von deutschem Wesen durchzogen, gebieten der deutsche Ritter und der deutsche wehrhafte Kaufmann weithin an den baltischen Küsten, während der deutsche, freie Bauer, als ein bevorzugter Genosse des herrschenden Stammes, zwischen dienstbarem, lettischem Volk durch den frisch geordneten Waldboden des preußischen Landes seine Furche zieht, und selbst weithin auf altpolnischem Gebiete deutsche Stadt- und Dorf-Gemeinden den Rechtsgebrauch, die streng gegliederte Arbeit, das genossenschaftliche Leben ihrer Heimath aufrecht erhalten.

Wie ist das ausgeführt worden? Hat die neugegründete Reichseinheit der sächsischen und salischen Kaiserzeit sofort den Eroberungskrieg gegen die schwächern Nachbarn aufgenommen, ein warnendes Vorbild dessen, was seit der Auferstehung des deutschen Nationalstaats große und kleine Unglückspropheten der bange und neidisch zusehenden Welt zu weissagen nicht müde werden? Ist der Germane wirklich ein so von Natur raub- und eroberungslustiges Geschöpf, daß eine größere Masse dieser gemeingefährlichen Wesen nicht der staatlichen Einheit und Zusammengehörigkeit inne werden kann, ohne sofort in Vergewaltigung und Unterdrückung der Nachbarn ihre natürliche Aufgabe zu sehen?

Wir gedenken auf diese Anklagen nicht mit einem Hymnus auf die deutsche Friedfertigkeit und Gerechtigkeitsliebe zu antworten. Wo es um Mein und Dein geht, hört bei uns die Gemüthlichkeit ebenso auf wie bei andern Leuten, und was die Friedensliebe angeht, deren wir heute zu Tage mit vollem Rechte uns rühmen können, so liegt sie unserer Ansicht nach weniger in einer eigenthümlichen Beschaffenheit unseres Blutes, als — in unserer Heeresverfassung. Unsere Landwehrleute sind durchweg sehr friedlich gesinnt, nicht aus Furcht und ebensowenig aus Gutmüthigkeit, sondern weil der Krieg ihre Wirthschaft ruinirt und ihnen im besten Falle weder Vortheil noch besondere persönliche Ehre verspricht. Unsere Bauern und Bürger, Gutsbesitzer und Kaufleute (die Lieferanten und Baisse-Speculanten ausgenommen) sind auch friedlich, weil der Krieg ihr Geld und das Blut ihrer Kinder kostet. Was den strebsamern Theil unserer Berufssoldaten angeht, so sind dieselben wohl kaum friedfertiger als andere Menschenkinder, welche das Schwert als Spaten und Pflug erwählt haben. Was aber unsere Vorfahren, die reisigen Mannen der sächsischen und salischen Kaiser angeht, so wäre es wohl überflüssige Mühe zu untersuchen, ob sie den ersten Raubeinfall ins Land der Obotriten, der Heveller, der Daleminzier, und wie sie heißen, gemacht haben, oder jene bei ihnen. Auch über das Maß der dabei etwa gezeigten Mäßigung und Gerechtigkeit verlohnte sich kaum zu streiten. Thatsache ist nur, daß es seit Karls des Großen Tode an den deutschen Ostgrenzen drunter und drüber ging, daß der Magyar an dem Wenden, (speziell an den deshalb so verhaßten Daleminziern, dem Erzgebirge entlang) mehr als einmal einen guten Diebshelfer und Diebshehler fand, und daß der Sachse, wenn und wo er dann wieder der stärkere war, auch nicht eben säuberlich zugriff und von deutscher Gemüthsweichheit nicht viel verspüren ließ. Schwere Thaten wurden von vorne herein auf beiden Seiten verübt. Nach Schilderung der siegreichen Schlacht bei Lenzen gegen die Redarier, wo 200,000 Wenden den Untergang fanden (wenn es nicht weniger waren) setzt Widukind ganz trocken hinzu: „Die Gefangenen wurden alle am andern Tage, wie es ihnen verheißen war, geköpft". Cäsar, der dämonische Heide, könnte sich nicht „steinerner ausdrücken", als hier der biedere sächsische Mönch. Nicht mehr Umstände macht er mit dem Bericht von dem Ende des Wenden Stoinef, welcher den König Otto, im Jahre des siegreichen Ungarnkrieges, 955, an der Recknitz, dem meklemburgisch-pommerschen Grenzflüßchen, einschloß und ihn beinahe gefangen hätte. Ein geschicktes Mannöver des kriegskundigen Markgrafen Gero, des großen Wendenbezwingers, befreit das deutsche Heer. Die Wenden werden geschlagen, verfolgt, Stoinef von einem sächsischen Reitersmann im Zweikampf getödtet. „Am nächsten Morgen wurde das Haupt des Slaven„fürsten auf dem Felde ausgestellt, und ringsumher sieben„hundert Gefangene enthauptet; Stoinefc Rathgeber „wurden die Augen ausgestochen und die Zunge „ausgerissen, so ließ man ihn mitten unter den „Leichnamen hilflos liegen". Freilich war in des Kaisers Abwesenheit, während des Ungarnkrieges, die ganze Menschenmenge in einer sächsischen Burg unter dem Vorwande, daß Vertragsbruch zu rächen sei, von den Wenden gemordet. Es war eben ein furchtbares Völkerringen, häufig über die Grenzen natürlicher Grausamkeit hinaus verbittert durch den mystischen Zug, der dem selbst noch neuchristlichen Sachsenkrieger den Kampf zum Gottesdienste machte. Wo die Gluth des Kriegers erlosch, schürte der Mönch die Flamme. Jeder größere Sieg wird durch die Stiftungs- und Schenkungsurkunden von Domen, Kirchen, Klostergütern geweiht; jeder Ansturm der Wenden beginnt mit dem Brande der Christentempel, und das Blut der geschlachteten Priester strömt in die Flammen. So hat Heinrich, der Städtegründer, zwischen 924 und 933, seinen Heerbann in den Haiden und Sümpfen der Spree- und Havellandschaft zum Ungarnkampfe gestählt, so füllen Heerzüge gegen wendische Stämme die Pausen zwischen Otto's Römerfahrten und zwischen seinen kriegerischen Königsritten durch die nicht immer botmäßigen Herzogthümer des Reiches.

Auch mit den Polen stießen unsere Väter damals zuerst zusammen, und die Art wie es geschah, läßt unschwer erkennen, daß der Löwenantheil am Ruhm und am Schrecken dieser Vernichtungskämpfe zwischen so lange frieblichen Nachbarn dem Glaubenseifer des Mönchs gebührt, und nicht der Beutelust des Kriegers oder gar einem angeborenen Hasse der Stämme. Als „Mann" Kaiser Otto's, nicht als unterworfener um Gnade flehender Feind, sondern als huldigender und geehrter Gast, betritt der erste Polenfürst, Mieczyslaw (der Miesco oder Misico der Chronisten) im Jahre 963 zum ersten Mal den Boden des Reichs. Sein polnisches „Barbarenthum" schadete ihm nicht in den Augen der Sachsen, denn er war, wenn nicht schon Christ, doch im Begriff es zu werden. Die Böhmin Dubrawka, der sein Herz gehörte, führte ihn der Kirche zu, wie einst Clotilde den stolzen Sigambrer Chlodwig, und Bertha ihren angelsächsischen Ethelbert. Schon 968 feierte der erste polnische Bischof, Jordan, in Posen das Hochamt. Und die Kirche, in bekannter Erbweisheit, stellte die junge Frömmigkeit des mächtigen Slavenfürsten nicht auf zu harte Proben. Die stillschweigende Zustimmung zu Miesco's Ehebunde mit der deutschen Nonne Oda aus Calwe erschien nicht als zu hoher Preis für die Eröffnung der Bresche in die stärkste Schutzmauer der westslavischen Welt. Als treuer und geehrter Waffengenoß der Ottonen führte Miesco bis zu seinem Tode (992) mehr als einmal seine leichten polnischen Reiter dem sächsischen Heerbanne zu, gegen deutsche und slavische Feinde der Kaiser. Nicht weniger innig schien sein gewaltiger Sohn, Boleslaw Chrobry, den von Rom gekrönten Herrschern der Christenheit sich anschließen zu wollen. Unter seinem Schutze zog Adalbert von Prag 996 durch Polen, die Weichsel hinab, nach dem damals eben polnisch gewordenen Danzig, um dann, in dem Dunkel des heiligen Waldes von Romowe, die erste Herausforderung des Kreuzes vor die Altäre des Perkunos, Potrimpos und Pikollos zu tragen. Die dienstwillige Pracht, welche Otto den Dritten zu Gnesen empfing, als er im Jubeljahre 1000 in den fernen Osten hinabzog, um am Grabe des Märtyrers zu beten, wurde zur erbaulichen Sage für die christliche Welt. Als „Bundesgenosse des römischen Reiches" wurde da der Sarmate nach klassischem Vorbilde begrüßt. In Breslau, Krakau, Kolberg, von den Sudeten bis zur Ostsee erhoben sich, von deutschen Geistlichen und Mönchen vielfach unterstützt, polnische Bisthümer, Säulen der Kirche, unter dem Schutz und der Autorität des Erzbisthums Gnesen. Die ersten Berührungen zwischen Deutschen und Polen, von dem Eifer der vordringenden Kirche auf beiden Seiten gepflegt und geleitet, ließen den tief innerlichen Gegensatz der beiden Stämme nicht ahnen; sie schienen friedliche Nachbarschaft anzukündigen, statt verderblichen Streits. Und auch später, als nach dem Ausgange des sächsischen Königsgeschlechts, 1002, diese ersten Verbindungen der Glaubensgenossenschaft, der Bundestreue, wenn man will des Vasallenthums, sich bald genug lösten, ist von dem, was wir Nationalgefühl oder gar Nationalhaß nennen, in den langen Fehden der Piasten gegen Heinrich II., Konrad II., Heinrich III. und später gegen Heinrich V. noch auf lange hin nicht viel zu merken. Wohl plündert Boleslaw Chrobry deutsches Grenzland, zumal die meißnische Mark, so oft sich die Gelegenheit bietet, und Mycislaw II. thut desgleichen. Aber das machten die deutschen Kriegsherren unter einander nicht besser, und oft genug sah man in diesen Fehden den polnischen Krummsäbel und das deutsche Ritterschwert in demselben Geschwader blitzen. Die Polen sind trotzige, ungebehrdige Vasallen der salischen Kaiser, wie so viele Andere auch; das ist Alles. Das Nationalgefühl war in diesen Gebieten noch nicht erfunden. Nur die Treue des wehrhaften Mannes gegen den Waffenbruder oder den gewählten Oberherrn, und in noch stärkerer Wirkung die Treue des Christen gegen die allgewaltige Kirche setzten der streitbaren Leidenschaft Grenze und Form. Und so ist benn auch von dauernden, tief eindringenden Erfolgen alle dieses Kriegsgetümmels der großen glänzenden Kaiserzeit wenig genug zu berichten. Wenn ein besonders schwerer Schlag die Wenden getroffen hatte, pflegten sie um Frieden zu bitten, Zins zu versprechen, christliche Priester zuzulassen. Die erste Unruhe im Reich, die den Kaiser abrief, gab dann dem alten Unabhängigkeitssinn wieder den gewohnten Lauf. Gegen die Polen kamen die gewaltigen Salier und auch die Hohenstaufen noch schwerer zurecht. Wohl wagte der Sarmate nicht so leicht, sich mit dem schwer gewaffneten sächsischen oder fränkischen Reisigen in regelmäßiger, offener Feldschlacht zu messen. Kam es einmal dazu, so bat er lieber um Frieden und wäre es selbst (wie Boleslaw IV. im Jahre 1157 bei Posen) barfuß, mit dem Schwert um den Hals. Aber die Natur des Landes war eine mächtige Bundesgenossin, und man wußte sich ihrer meist ebenso geschickt wie erfolgreich zu bedienen. Durch das Dickicht pfadloser, häufig sumpfiger, durch Gräben und Verhaue gesperrter Grenzwälder mußten die geharnischten deutschen Reiter und ihr schwerbepackter Troß sich Bahn brechen, sobald sie polnischen Boden berührten. Da sorgte denn der leichtberittene, landeskundige Krieger für Abschneiden der Zufuhr, Auffangen Zurückgebliebener oder Verirrter: und an solchen fehlte es nicht, wenn uns auch nur einmal bei dem

Zuge Konrads II. im Jahr 1029 gemeldet wird, daß das ganze deutsche Heer in die Irre ging, vor Budissin (Bautzen) ankam, während es an die Oder gewollt hatte und dann nach erfolglosem Angriff übel zugerichtet abziehen mußte. Es war Bürgerkrieg in Polen, nicht die Macht des Kaisers, welche 1031 den schweren Verwüstungen der Grenzlande vorläufig ein Ziel setzte und die polnische Königskrone Konrad dem Zweiten in ziemlich harmloser Symbolik zu Füßen legte. Vergeblich knüpfte derselbe Salier vier Jahre später noch das Gedächtniß unerhörtester Thaten an den Namen des deutsch-römischen Priester-Kaisers. Vergeblich ließ er den liutizischen Wenden im deutsch-polnischen Grenzlande der Lausitz, so Viele er ihrer gefangen hatte, die Augen ausstechen und Arme und Beine zerbrechen, weil man ein hölzernes Christusbild gefunden hatte, das von ihren Landsleuten ähnlich verstümmelt war. (1035.) Weder er, noch sein berühmter Sohn, Heinrich III., noch später die Staufen Conrad und Friedrich Barbarossa, haben mit ihren kaiserlichen Heerfahrten ins slavische Land, und selbst nicht mit ihrem Hilfsheere von Priestern und Mönchen, es dort weiter gebracht, als zu jeweiliger Wiederholung der oben Schaustellung einer Huldigung, ohne ernstliche Einwirkung auf das Leben der Völker. Es bedurfte anderer, realerer Mächte als des gelegentlich schreckenden und blendenden kaiserlichen Phantoms, und noch anderer Waffen, als des Ritterschwertes und des Crucifixes allein, um den schicksalsschweren Samen der deutschen Zukunft in diesem widerwilligen Boden gedeihen zu machen und zu beschützen. Die Verkettung der Verhältnisse, unter der dieß gelang, gehört zu den merkwürdigsten und lehrreichsten Abschnitten deutscher Geschichte, die doch an sich reicher an Warnung und Trost, an Auskunft über alle Höhen und Tiefen menschlichen Werdens ist, als die aller andern neuen Völker. Unser Königthum, in der Stunde seines Aufblühens von dem doppelten, bösen Zauber des römischen Priestergedankens und der römischen Imperatoren-Erinnerung gefaßt, hatte sich schon im dreizehnten Jahrhundert zum blutlosen Gespenst des christlich-römischen Universalherrscherthums verflüchtigt. Mit ihm war die politische Persönlichkeit, das Einheitsgefühl des Volkes nach kurzer, frühzeitiger Blüthe gewelkt. Der Sondergeist der Stämme hatte das nicht gemacht; aber er hatte es gefördert und benutzt zu Gunsten der eigenen Entfaltung. Und da nun die Trümmer des weiland so stolzen Baues den Boden bedecken, da es für langehin, wenn nicht für immer geschehen scheint um deutscher Dinge Größe und Gedeihen, da regt sich in den Tiefen der chaotischen Massen ein jugendkräftiges Leben, neue Triebe brechen aus dem alten Stamme, dessen Krone gebrochen. Die schaffende Volkskraft der großen, vom Reiche sich lösenden Territorien, besonders der Grenzmarken, der aufblühenden Reichsstädte, auch der Landgemeinden, die wie Bienenschwärme ihr junges Volk hinaussenden in die gastlichen Städte und über die Grenze, wo immer ein Landesherr Aufnahme und Sicherheit bietet: dieses urkräftige, bunte Gewimmel von lebensfreudigen und erwerbshungrigen Einzelkräften drängt sich von nun ab in den Vordergrund des geschichtlichen Schauplatzes. Auf den Kampf um die Oberherrschaft folgt der Kampf um den Besitz und die Ausbeutung des Bodens, und da zeigt sich die staatskluge Energie der Fürsten und Städte, die Zähigkeit des Bauern, der Unternehmungsgeist des Kaufmanns bald von ganz anderem Werth, als der hochfahrende, phantastische Herrschersinn der „römischen Kaiser deutscher Nation." Wie aber organische Bildungen sich nicht neben und nach einander, sondern aus einander entwickeln, so liegen auch hier die Wurzeln und ersten Sprossen des neuen Wachstriebes tief innerhalb der frühern Zustände. Dieselben Jahrzehnte sahen auf der lombardischen Ebene die glänzenden Scheinerfolge der phantastischen Staufenherrlichkeit, und an den baltischen Küsten, zwischen Elbe- und Odermündung die rastlose Pionierarbeit Heinrich des Löwen. Mit der Zauberformel des alten, verrotteten und vergessenen Kaiserrechts gedachte der Rothbart die junge Städtefreiheit zu bannen und im Bunde mit der Kirche sein Weltreich zu gründen. Unterdessen setzte der große Welfe sein Siegel unter Urkunden von ganz anderem Werth. Sein lübisches Recht ist weithin in unsern Nordostmarken ein schützendes Palladium deutschen bürgerlichen Schaffens und Gedeihens geblieben, als der staufische Weltherrschaftsgedanke längst zum Kindermährchen geworden war. Und wie der Löwe an der Küste, so schaffte rastlos etwas weiter südlich, sein eifersüchtiger, gleich tüchtiger Nachbar, Albrecht der Bär, der erste wirkliche Bezwinger und Besiedler der Marken. Ihm wurde die bescheidenere Stellung und das kluge Festhalten an Kaiser und Reich zu dauerndem Gewinn, während der überkühne Welfe für Andere gearbeitet hatte, als die Stunde der Abrechnung kam. Die Hausmacht, die er gegen den Kaiser zu gründen und zu halten gehofft, wurde zertrümmert: dem unsterblichen und wahrhaft geschichtlichen Theile seines Lebenswerkes war damit nicht Stillstand geboten. Unaufhaltsam, während des dreizehnten Jahrhunderts, bricht der üppige Ueberschuß deutscher Volkskraft im Nordosten sich Bahn. Meklenburg, Pommern, die Marken wurden deutsch, Schlesien folgte. In Riga, Reval, bis nach Novgorod hin waltete der hanseatische Kaufmann, und als die Krone und der Schlußstein dieses weitverzweigten, emsigen Werkes, ein eigenartigstes Zeugniß der Zeit auf der Grenzscheide des ritterlich-priesterlichen und des bürgerlich-kaufmännischen Mittelalters, gründete der Ordensstaat deutschem Leben zwischen Weichsel und Niemen eine seiner fruchtreichsten Arbeitsstätten. Wie aber diese ganze große Culturarbeit sich nicht nach einem Plane vollzog, so auch weitaus nicht in der nämlichen Weise.

Am friedlichsten, fast unmerklich, wie natürliches Wachsthum, ist die Entwickelung an den Süd- und Westgrenzen des eigentlich polnischen Landes vor sich gegangen. Im Jahre 1163, zwei Jahre nach der furchtbaren Niederlage, welche Boleslaw des IV. Heer gegen die Preußen erfuhr, trat der Polenkönig Schlesien an die Söhne seines Bruders Wladislaw ab, mit dem er lange und hart um das Reich gekämpft hatte. Das Blut ihrer staufischen Mutter, der Schwester Konrads III., verkörperte sich in den schlesischen Piasten. Sie nahmen von vorne herein eine zu Deutschland freundliche Stellung. In dem ganzen Geschlecht, durch die Jahrhunderte hinab, wurden deutsche Ehebündnisse die Regel. Im Gefolge der deutschen Fürstinnen hielten deutsche Priester und Mönche ihren Einzug. Deutsche Klöster und Abteien, die unter dem polnischen Volk die heimische Sprache und Bildung treulich bewahrten, wurden mit reichem Landbesitz ausgestattet: so Leubus 1175, Trebnitz 1203, Heinrichau 1227. Bald besiedelten sich ihre Fluren mit freien Bauersleuten deutschen Stammes, meist aus Thüringen und Franken (aber auch Sachsen und Friesland haben ihren Antheil gegeben): und die Lockung der reichern Erträge blieb an den benachbarten polnischen Herren nicht ohne Wirkung. Es kam ein Zug in den polnischen Adel, deutsche Dörfer zu gründen, durch die ausdauernde, kunstfertige Hand des Fremden den wüsten Wald- und Haideboden befruchten zu lassen. Und bald stiegen überall auch die deutschen Städte empor. Wer die nützlichen Fremden gewinnen wollte, der schaute zunächst nach einem Unternehmer aus, einem Locator (Gründer würde man heute sagen); es konnten auch mehrere sein, die ihre Mittel zusammen thaten. Ihnen wurde das Stadtgebiet zugemessen, mit Markt-, Jagd-, Fischerei-Gerechtsamen. Sie riefen die Ansiedler herbei, gewährten ihnen den Bauplatz, das Bauholz, den Ackergrund (das Bürgererbe), den Antheil

an gemeinsamer Holzung und Hütung, Abgabenfreiheit nach
Vertrag, meist für mehrere Jahre. Sie blieben Gerichts-
und Marktherren (Wovt) der Stadt, hielten durch einen Antheil an den Zöllen sich schadlos. Uebrigens aber ließ der
deutsche Handwerker und Kaufmann nicht mit sich schalten,
wie der „Kmete" in seiner Lehmhütte an der Ringmauer
einer polnischen Kastellanei. Die deutsche Genossenschaft mit
ihrer Selbstverwaltung, die gegliederte, freie Gemeinde schlug
alsbald ihre lebenskräftige Wurzel. Sie war die natürliche,
unvermeidliche Form des deutschen Lebens geworden. Con-
sules und Jurati (Bürgermeister und Schöffen) handhabten
unter dem Schutze des Grundherrn Ordnung und Recht und
bald bezeugte Volkszahl, Bildung, Wohlstand den Segen der
freien Arbeit. Das ging vom Beginn des 13. Jahrhunderts
an ununterbrochen so fort. Goldberg, Neumarkt, Neisse waren
unter den ersten, die deutsches Stadtrecht erhielten. Bei Kosel,
in Ujest, ließen um 1225 deutsche Ansiedler sich nieder, Breslau und Strigau kamen um 1242, Landshut um 1249 empor.
In der Magdalenenschule zu Breslau wurde um 1267 die
erste schlesische Pflanzstätte deutscher Schulbildung eröffnet.
Der Mongolensturm von 1241 festigte durch gemeinsame Gefahr und gemeinsame Abwehr die Verbindung mit Deutschland und gegen Ende des Jahrhunderts war Niederschlesien,
ohne Gewalt und Blutvergießen, dem deutschen Culturleben
erobert. In Oberschlesien, wo auf dem armen Boden das
städtische Leben nicht so gedeihen wollte, sind wir noch heute
nicht so weit. Der geistliche Rath Müller wird es bezeugen.

Nicht so freundlich und leicht, wie bekannt, hat sich das
Schicksal Preußens entschieden. Wie der Sachse unter den
Germanen sich am schwersten dem Christenthume fügte und
dann, einmal bezwungen, am nachhaltigsten und tiefsten die
neue Bildung verarbeitet hat, so sind seine slavischen Geistes-
verwandten, die zähen Wenden und Preußen, nur in furcht-

barem Kampfe von der Wurzel ihres Naturlebens losgerissen worden, um sich später der deutschen Art so fest und lebendig einzufügen wie kein anderer fremdländischer Stamm. Auf Polens Ruf kamen die ersten „Dienstleute Mariens vom deutschen Hause" im Jahre 1228 ins Land: kriegerisch=mönchi= sche Männer, der Kirche geweiht, ritterlich geübt und bewehrt, aber mit bürgerlich=ehrenfester Art durch Ueberlieferung, Be= ruf und wohlbedachte Geseze nahe befreundet: in ihrer Ge= nossenschaft ein Auszug aller eigenthümlichen Kräfte und Lebensformen, welche das reiche Mittelalter aus sich geboren hat. Wohl hatte der stolzeste der Päpste (Innocenz III.) die Brüderschaft zum Kampf für die welterobernde Kirche geweiht (1199), wohl trug sie die mönchischen Gelübde neben den Pflichten des Ritters und wählte ihre Gebietiger aus voll= bürtigen Sprossen des Ritterschildes. Aber ihre frühesten Erinnerungen führten sie in das Zelthospital vor Akkon, wo bremische und lübische Kaufleute sich der siechen deutschen Pilger erbarmten; Laienbrüder nicht=ritterlichen Standes in großer Zahl folgten ihrem Banner, und Alles, was das mittel= alterliche Gemeinwesen an Tüchtigkeit, Geschicklichkeit, Arbeits= kraft umfaßte, war unter den Angehörigen des Ordens ver= treten: am wenigsten zahlreich der Priester. Ihr Auftreten in Preußen zeigt von vorn herein stark ausgeprägt neben dem kirchlichen Zuge, und über ihn hinaus, ein durchaus staatsmännisches Trachten nach Herrschaft und Besitz. Noch hat kein Ordensritter die Weichsel erreicht, als Hermann von Salza (1226) vom Kaiser das Land Preußen zu reichs= fürstlichem Besitz begehrt und erhält. Konrad von Maso= vien, hart bedrängt wie er ist, kann sich augenscheinlich böser Ahnungen nicht erwehren. Er zögert, marktet, gewährt am 27. April 1228 nur das Land Culm, das nächste, verheerte Grenzgebiet und willigte erst im Juni 1230 in das volle un= beschränkte Herrenrecht des Ordens (perfectum et verum dominatum) über dieses Gebiet, und in die Ausdehnung dieses Rechtes auf alles den Preußen abzunehmende Land. Es schwebte eine Wolke des Mißtrauens über den ersten Beziehungen zwischen Deutschen und Polen im baltischen Küstenlande. Ahnte der Masovier, in aller seiner Bedrängniß, was er that, als er diesen mächtig organisirten Absenker des großen germanischen Baumes vor der letzten Lücke Wurzel schlagen ließ, wo zwischen der polnischen, kriegerischen Bauerwirthschaft und dem Völker verbindenden und sie groß ziehenden Meere noch nicht die Grenzscheide deutscher Cultur sich erhob? Nur vier Jahre lang dauerte dann die in schwerer Stunde geschaffene, unnatürliche Freundschaft. Seit 1234 ging der Orden, von Polen erst heimlich, dann oft genug offen bekämpft, entschlossen seinen eigenen Weg: mit einer Umsicht, einer Mannhaftigkeit und einem staatsmännischen Tact, die nur in den anziehendsten Episoden des großen Eroberungskrieges, römische Geschichte genannt, ihr Seitenstück findet. Langsam genug geht es vorwärts, aber kein Schritt wird zurückgethan. Die Wasserstraßen zeigen den Weg. Weichsel und Nogat hinab, die Haffufer entlang, zur Pregelmündung, dann den Pregel hinauf geht der Zug. Dann erst wagt man sich in das im weiten Halbkreise umflammerte innere Land. Auf's Geschickteste werden die letzten, allmälig ebbenden Wogen der Kreuzzugsbegeisterung für die Zwecke des Ordens benutzt. Der Kampf wird mit dem heldenhaften Ernst, oft genug mit der erbarmungslosen Wildheit geführt, welche die Völker einsetzen, wo es um Sein oder Nichtsein sich handelt. Aber keinen Augenblick gewinnt die zerstörende Leidenschaft auf Seiten der Sieger die endgiltige Führung; überall geht die Sorge für das Aufbauen mit der harten Arbeit des Niederreißens Hand in Hand. Die Saat der deutsch-christlichen Cultur (wir legen den Nachdruck mit gutem Bedacht auf das erste Wort), fällt in die Furche des kaum niedergeschlagenen heidnischen Urwaldes. Auf jedem die Gegend beherrschenden Hügel, an jeder wichtigen Furth, an jedem Hafen erhebt sich eine Burg, neben jeder Burg die mit Besitz und gutem lübischem, magdeburgischem, cölnischem Recht freigiebig ausgestattete Stadt. Der freie Hof des niederdeutschen Bauern gedeiht, wie das geschlossene fränkisch-alemannische Dorf, starke Vertreter deutscher Sprache und Sitte unter hörigem, slavischem Volk. Nicht lange bauert es, und der Orden kann neben seinen Brüdern und Sarjanten sich auf einen kernigen Landsturm, auf mannhafte Zünfte und Geschlechter der Städte verlassen. Da mochten immerhin blutige Rückschläge kommen. Der erste Schmerz des ungewohnten Drucks mochte in zehnjähriger furchtbarer Empörung alle letzte Kraft des Preußenvolks zu wild brandendem Ansturm aufjagen. Die Heldenzeit des Ordens kennt Niederlagen, aber kein Verzagen oder Ermatten. Nach einer dreiundfünfzigjährigen Meisterarbeit deutscher Kriegskraft, deutschen Genossenschaftsgeistes und deutschen Ansiedelungsgeschicks war der undurchdringliche Gürtel zwischen dem weiten polnischen Hinterlande und dem Meere endgiltig gezogen. Die Brandstätten des neuen, nordöstlichen Deutschlands fingen an sich mit behaglichen Wohnhäusern und Fruchtfeldern zu bedecken. Ein emsiges Colonistenvolk, ein Auszug jeder besten und tüchtigsten Kraft aller deutschen Stämme, regte sich auf dem Acker, in der Werkstatt, im Hafen. In den sumpfigen Urdickichten des untern Weichsel- und bald auch des Memelsgebietes räumte der Biber und das Elen den Platz vor dem zähen, behäbigen friesischen Bauer. Pflug, Axt und Spaten triumphirten, wo das Ritterschwert die Wege gebahnt, und es kam jene schöne Morgenröthe preußischer Tüchtigkeit, preußischen Wohlstandes und preußischer Ehre heran, welche die Blüthe des europäischen Adels nach der Marienburg wallfahrten sah, um kriegerische Tugend und staatsmännische Weisheit zu bewundern, welche in siegreichen

Seeschlachten und auf fernen Kauffahrerzügen die Flaggen der preußischen Hansen als ebenbürtige Genossen neben denen der "wendischen" Städte zeigte, und in deren sagenhaftem Schimmer die Gestalten heldenmüthiger Bürger und behäbiger, selbst übermüthiger Bauern keine schlechtere Figur machen, als die der Heerführer und Ritter, während unter allen eigenthümlichen Erscheinungen der mittelalterlichen Welt nur die — des Ketzerrichters vermißt wird.

Auf dieses glänzende Frühroth sind dann, nach der Regel, böse Unwetter gefolgt. Von ihnen haben wir demnächst zu berichten.

IV.
Der Rückschlag.

Mit den Eroberungen des Deutschordens hat das Vordringen der Germanen gegen Osten vorerst seine Grenze erreicht. Der Ordensstaat war die letzte, eigenartigste Blüthe, welche der Hochsommer des deutschen Mittelalters trieb. Was die Kirche in großartig strenger Ascetik erstrebte, vermählt sich in seinen Satzungen mit dem abenteuernden Schwunge des Ritterthums und daneben läßt der starke Zusatz eines nüchternen, geschäftstüchtigen bürgerlichen Elements von vorne herein so zu sagen den Samen einer neuen, anders gearteten Cultur erkennen, dessen Entwickelung früher oder später die alten Formen zersprengen mußte. Ritter- und Mönchthum hatten ihr letztes Wort gesprochen; das Bürgerthum ließ sich erst schüchtern und kleinlaut vernehmen, aber ihm gehörte die Zukunft, und so hat denn auch sein Frieden mit den eigenartigen, vollreifen und überreifen Vertretern des mittelalterlichen Weltgedankens nicht lange gedauert. Wir sprachen im vorigen Abschnitt von der vielgerühmten und bewunderten Blüthe, welche der Ordensstaat im vierzehnten Jahrhundert erreichte und betonten dabei an erster Stelle sein weises Verhalten zu Bürger und Landmann: sein freundliches Zusammengehen mit den Hansen, die rücksichtsvolle Behandlung der deutschen Anbauer im preußischen Lande, die wohlgeordnete, der zeitgenössischen Staatskunst vorauseilende Verwaltung. Mehr wie Freunde und Bundesgenossen denn wie Unterthanen wurden die größeren preußischen Städte, zumal so weit sie dem großen Bunde der norddeutschen Handelsstädte angehörten, behandelt. Wie es ein Lübischer Kaufmann gewesen war, der vor Akkon das erste Spital der deutschen Brüder vom Hause Mariens eröffnete, wie die beiden ersten Meister, Walpot von Passenheim und Otto von Karpen, höchst wahrscheinlich bremischen Stadtgeschlechtern angehörten, so blieb lange hinaus, das ganze vierzehnte Jahrhundert hindurch, die nichtadlige Tüchtigkeit, Geschäftskunde und Tapferkeit im Orden mächtig und hochgeachtet. Die nicht ritterbürtigen Graumäntel trugen ihr schwarzes Kreuz so stolz und so ehrenvoll wie ihre vornehmern in den weißen Mantel gehüllten Genossen. Winrich von Kniprode nahm einmal siebenzig derselben gleichzeitig auf, und eine große Anzahl weltlicher, ja verheiratheter, Halbbrüder und Schwestern (sie trugen das halbe Kreuz in Gestalt eines T) bildete ein weiteres, höchst nützliches Bindeglied zwischen den mönchischen Kriegern und der Welt, über die sie herrschten oder deren sie sich zu erwehren hatten. Und doch: wer genauer zusieht, wird schon in den Berichten über jene glänzende Blüthezeit des Ordens unschwer das stille unaufhaltsame Wirken der zerstörenden Gewalten empfinden, die nur die günstige Stunde erharrten, um von heimlichem Nagen und Wühlen zu offenem Abfall und Angriff überzugehen. Es waltet ein innerer Widerspruch zwischen der Natur und den Zwecken der ritterlich-mönchischen Genossenschaft, und zwischen den Bedürfnissen und Instincten der Zeit, ein Widerspruch, den Glück und Geschick wohl verdecken, aber nicht auf die Dauer versöhnen konnten. Nicht zur Colonisation und Staatengründung, sondern zum Kampf gegen die Feinde der Kirche und zum Schutz der Pilger hatte man sich ursprünglich zusammengethan: als ein Freiwilligencorps gewissermaßen des großen christlichen Heerbanns, welchen die siegreiche mittelalterliche Kirche in ihrem Weltherrschaftstraum unter die Waffen rief, um — freilich sehr wider ihren Willen — durch das unnatürliche Uebermaß ihres Triumphs den weltlichen Geist zu entfesseln. In diesem Sinne hatte man auch den Kampf gegen die Preußen begonnen, nicht als selbstständige, mit eigenen Hilfsquellen arbeitende Macht, sondern als Vorposten und bleibende Vertretung der halb mystisch-religiösen, halb kaufmännisch-weltlichen deutschen Volksfluth, welche während des dreizehnten Jahrhunderts unter dem letzten Hauch der Kreuzfahrer-Begeisterung gegen das Slaventhum heran schwoll. Jeder Fortschritt des Ordens in dem alten Lande zwischen Weichsel und Memel fällt mit einem Zuzuge deutscher (und bald auch nichtdeutscher) christlicher Pilger zusammen. Jede Ebbe der Kreuzugsbewegung führt eine Zeit des Stillstandes, der mühsamen Vertheidigung herbei, während welcher oft schwere Bedrängniß die Brüder und ihre Schutzleute heimsuchte. Es lag nahe, in den Hilfsquellen des allmälig erstarkenden Landes, in der anwachsenden deutschen Bevölkerung dauernd und planmäßig die Kraft zu suchen, welche der Zuzug aus Deutschland nur vorübergehend und in unberechenbaren Zwischenräumen gewährte, und während Winrich von Kniprode den Stab des Meisters führte, gewann es den Anschein, als werde das gelingen. Auf dem Schlachtfelde von Rudau waren es nicht zugereiste Kreuzritter, sondern neben den Ordensleuten der preußische Landsturm und die bewaffneten städtischen Gilden, welche den Sieg entschieden, und in den vielfachen Heerfarten gegen die Littauer, zumal aber in den Kämpfen zur See, spielen neben der Kriegsmacht der Brüder die bewaffneten Schaaren und Schiffe der Städte ihre gewichtige Rolle. Aber all das reichte nicht hin, um das

Grundübel aufzuwiegen, an dem früher oder später diese ganze Herrlichkeit verderben mußte: die Loslösung der Landes=herrschaft, des regierenden Standes von den natürlichen Wurzeln der aus dem heimischen Boden sich erneuernden Volkskraft. Eine kriegerisch=mönchische Genossenschaft hatte mit dem Religionskampfe gegen die Nichtchristen den Eintritt in's Land erzwungen. In ihrer Begleitung und unter ihrem Schutz hatten ganz andere Kräfte, hatte der Kaufmann, der Landedelmann, der freie Bauer sich niedergelassen. Die Arbeit der bürgerlichen, genossenschaftlich gegliederten Gesellschaft hatte ausgenutzt und vollendet, was das Schwert des mönchi=schen Kriegers begonnen. Sie war eine willkommene Bundes=genossin, eine starke Stütze gewesen; sie wurde dann eine Quelle des Wohlstandes und Wohllebens; aber bald genug mußte es sich ergeben, daß zwischen ihr und der Landesregie=rung, bei allem Wohlwollen und aller Weisheit vieler Hoch=meister und Ritter, eine rechte Gemeinsamkeit nicht aufkommen konnte. Der Orden war keine ausschließlich preußische Macht; er war und blieb nicht nur deutsch, sondern kirchlich=kosmo=politisch. Nur ein Theil seiner Ritter und Gebietiger residirten in dem eroberten Lande. Sehr viele waren und blieben in allen Theilen des Reichs, ja darüber hinaus bis nach Italien auf den Gütern, Balleien, Comthureien des Ordens zerstreut; ihre Bedürfnisse, Wünsche, Anschauungen waren nicht immer die des preußischen Landes, und selbst was in Preußen wohnte und wirkte, ward durch die mönchische Ehelosigkeit an rechtem Zusammenwachsen mit des Landes Art und Gefühlen am letzten Ende gehindert. Der steigende Wohlstand des Landes und des Ordens machte auf der einen Seite das Gefühl dieser Gegensätze schwächer; auf der anderen war er nur zu ge=eignet, Conflicte herbei zu führen, welche sie verbitterten und verschärften. Man freute sich des Gedeihens und des mächti=gen Schutzes; aber was der Uebermuth eheloser, siegesstolzer, wohlgenährter, von dem Bewußtsein der Souverainetät getragener Kriegsleute den Bürger und Bauern gelegentlich empfinden ließ, wurde dadurch nicht aufgehoben. Noch immer versprach der Orden dem eintretenden Ritter (wie auf dem Fenster des Marienburger Remters zu lesen) für die Hingabe der Freiheit, des Lebens, der Kraft Nichts als Wasser und Brod und ein altes Kleid. Aber die jüngeren Söhne der deutschen Adelsgeschlechter konnten es getrost darauf wagen. Die preußischen Ordensconvente unter Kniprode, Zöllner von Rotenstein, Conrad von Wallenrodt, den beiden Jungingen galten im Auslande nicht als Plätze, wo Schmalhans Küchenmeister war. Aus England, der Normandie, Frankreich, so gut wie aus Deutschland und dem slavischen Südosten strömte während der letzten Jahrzehnte des vierzehnten Jahrhunderts das stattliche, höfische Abenteurervolk nach der Marienburg zusammen. Herolde, Musikanten, fahrendes Volk aller Art fehlte nicht. Die Heidenfahrt gen Preußen und Littauen war das lustig-wilde Nachspiel zu der großen Kreuzfahrertragödie, als überall sonst, auf den großen Schauplätzen des europäischen Lebens, längst das Interesse der Fürsten und der Städte gegen Kirche, Mönchs- und Ritterthum die Entscheidung gab. Darüber mußte das Verhältniß der deutschen Nordostmark dann eine Färbung annehmen, die nur deutscher Chauvinismus schlimmster Art als eine rühmliche oder auch nur materiell erfreuliche bezeichnen könnte. Seit der Mitte des vierzehnten Jahrhunderts tritt der Grenzkrieg in seiner rohesten, wildesten Gestalt, mit Raub, Mord, Brand, treuloser Todfeindschaft von hüben und drüben zwischen Preußen und Littauen an Stelle der religiösen Propaganda, der Colonisirung, oder auch nur des planmäßigen, civilisirten Eroberungskrieges. Man glaubt in Allem, was der Orden nach der Seite hin unternimmt, den Hauch eines überlebten, der Zeit und ihrer Bildung feindseligen Princips zu spüren. Man fragt sich erstaunt: Wo denn hinaus mit diesem planlosen, ruhelosen Morden und Brennen? mit diesen Beutezügen ohne Princip und ohne Scham, mit diesen Friedensschlüssen ohne Ernst und ohne Bestand, diesen Kriegsfahrten ohne Plan und bleibenden Erfolg? Wohl war der Kaufmann von Thorn, Culm, Elbing, Braunsberg, Königsberg und zumal von Danzig zu Wohlstand gelangt, wohl verhandelte und verkehrte er mit dem Orden schon damals oft wie der Gleiche mit dem Gleichen. Um so weniger mochte er es ruhig ertragen, wenn das Phantom jenes Heidenkampfes, jene ritterliche Räuberlust an der Grenze ihm in natürlichem Rückschlage die innern Handelswege der Ostwelt verschloß, oder wenn die Zölle des Ordens seine und seiner Geschäftsfreunde Seefahrten belasteten. Ein Geist des Mißtrauens und der Entfremdung ging früh durch das Land, durch den Reichthum und die materielle Blüthe des Ordens nur noch nothdürftig verdeckt. Und zu diesen bleibenden Ursachen der Gefahr kamen dann, wie es zu gehen pflegt, äußere, sogenannte zufällige Ereignisse, welche den in der Natur der Dinge drohenden Umschlag beschleunigen mußten. Von verhängnißvoller Wirkung war zunächst jenes furchtbare Verderben, welches in den Jahren 1348 bis 1350 aus unbekannten Ursachen über die europäischen Völker hereinbrach. Die Verheerungen des „schwarzen Todes" veröbeten die Gefilde und die Städte, erfüllten die Gemüther mit Wahnsinn und Entsetzen. In Deutschland machten sie dem fröhlichen Ueberschuß an kampflustiger und arbeitstüchtiger Volkskraft für lange hin ein Ende. Ueberall an der Ostgrenze, in Oesterreich, Ungarn, Schlesien, Großpolen, Pommern, den Marken kommt das Vordringen des Germanenthums, die Städtegründung und Colonisation sichtlich ins Stocken, und nicht weniger hart empfand Preußen in seiner vorgeschobenen, isolirten Lage den furchtbaren Rückschlag des unerhörten Ereignisses. Wohl kam immer noch abenteuernder Adel, des

Ordens Gastfreundschaft und die Aufregungen des Grenz=
krieges zu suchen. Aber der weit wichtigere Zuzug von wohl=
habenden, rührigen Handwerkern, Ackerleuten, Kaufleuten
wird zusehends dünner, und die Nationalitätsverhältnisse
haben sich an unserer Grenze seit jenem furchtbaren Haltruf
der Natur im Ganzen und Großen ebensowenig verschoben,
wie zwei Jahrhunderte später die Verhältnisse der Con=
fessionen nach der jesuitischen Reaktion. Der deutsche Wan=
derer= und Colonisationstrieb war für Jahrhunderte ge=
brochen, und als er wieder erwachte, hat er sich, wie man
weiß, dem Westen zugewandt und in dem weniger lockenden
Osten einstweilen die Initiative des Fortschritts an die
politisch=militärische Wirksamkeit der Regierung abgetreten,
mit welcher die freiwillige Volksbewegung gegenwärtig kaum
gleichen Schritt hält. — Doch davon später. — Der zweite
und unmittelbar entscheidende Schlag für den Orden in
Preußen war dann, wie bekannt, die Vereinigung Littauens
und Polens durch Jagello und Hedwig und der damit an=
gebahnte Uebertritt der Littauer in die Sphäre des römisch=
katholischen Staatensystems. Wohl mochte man in Preußen,
d. h. in den Ordenskreisen, die Wucht des Ereignisses noch
eine Zeit lang sich und Andern verhehlen. Wohl mochten die
„Heidenfahrten" gegen Littauen noch unter Conrad von
Wallenrodt und Conrad von Jungingen ihren Fortgang neh=
men, ja in letztem Aufflackern ihren höchsten phantastischen
Schwung und Glanz erreichen. Auf die Länge war dies Nach=
spiel nicht fortzuführen. Man hatte sich unter einseitigem
Drucke eines von den Zeitgenossen längst nicht mehr ver=
standenen, erstarrten Princips zu der ganzen umgebenden
Welt in unlöslichem Gegensatz gesetzt. Mit einer Zähig=
keit, wie nur aristokratische Genossenschaften sich entwickeln,
war man auf einem Wege fortgeschritten, der keinen Sinn
und kein Ziel mehr hatte, seitdem die befruchtende, steigende

Fluth der deutschen Anbauer nicht mehr von den Brandstätten und Leichenfeldern des mönchisch=ritterlichen Religionskrieges den Fluch tilgte. Da stand man denn plötzlich dem Unver= meidlichen gegenüber. Roh, wild, feindselig wie sie war, aber menschlich genommen nur zu sehr in ihrem Rechte, erhob sich die tödtlich gereizte Slavenwelt zu mächtigem Rückschlage gegen den Eindringling. Die nächsten Ursachen des Krieges sind in solchen Fällen so gleichgiltig wie zwischen uns und Frankreich 1870, und zwischen uns und Oesterreich 1866. Die Gegensätze der Gefühle, der Interessen, die Erinnerungen an Erlittenes, die Lockungen des Ersehnten und Gehofften drängen mit unwiderstehlicher Naturgewalt zur endlichen Lösung, und die handelnden Personen werden in eminentem Sinne zu Dienern und Werkzeugen des weltgestaltenden Schicksals. Selbstverständlich soll das keine Entschuldigung für die Tha= ten des Einzelnen sein, der in freier Verantwortlichkeit das Verhängniß beschleunigt oder herausfordert. Aber der geschicht= lichen Betrachtung dürfen diese rein menschlichen Erwägungen das Concept nicht verrücken. Wehe dem, der Aergerniß giebt, der verderblichen, lauernden Fluth die erste Oeffnung macht! Aber für den Gang der Dinge war es vor zwei Jahren ziem= lich gleichgiltig, ob Napoleon etwas früher oder später, etwas mehr oder weniger ungeschickt den Umständen und den Leiden= schaften seiner Umgebung nachgab; und der Orden wäre nicht gerettet worden, wenn der unbesonnene Uebermuth der Ritter auf den Rath und die Warnung des sterbenden Jun= gingen gehört und statt des kriegslustigen Ulrich von Jungingen einen Mann des Friedens und der Versöhnung zum Hoch= meister gemacht hätte. So lag auch die Entscheidung über Krieg und Frieden nicht in den Ansprüchen auf Samaiten und das Land Dobrin, sondern in dem aufsteigenden Kraftgefühl der lange und schwer gereizten slavischen Welt und in den Ursachen der Lähmung, welche gleichzeitig das in den Bahnen mittelalterlicher Cultur ausgelebte Germanenthum trafen. Der vorgeschobene nordöstliche Posten empfing den ersten Schlag und empfand ihn um so nachhaltiger, da eine ungünstige Verwickelung der Verhältnisse gerade hier, an dieser gefährdetsten Stelle, ein bei äußerlicher Fülle und Schönheit krankes Glied des großen Körpers dem feindlichen Anprall aussetzte: aber das Uebel war, wie wir sehen werden, ein allgemeines und so ist denn auch nicht das Ordensland allein ihm erlegen, sondern Schlag auf Schlag, während des ganzen fünfzehnten Jahrhunderts, haben die Erfolge des aufstrebenden Slaventhums das germanische Centrum Europas in seinen Grundfesten erbeben lassen. Es war, als sollte der Strom der Geschichte sich rückwärts wenden. Wie die Panslavisten und ihre ultramontanen Bundesgenossen behaupten, und vielleicht hie und da selbst träumen und hoffen, steht bald, vielleicht schon im letzten Viertel des neunzehnten Jahrhunderts eine verstärkte Wiederholung dieser welthistorischen Bewegung, eine vermehrte und verbesserte „slavische Eisperiode" bevor. Da möchte denn ein Rückblick auf die Verhältnisse, Kräfte und Wirkungen der ersten nicht unzeitgemäß scheinen. Wir werden ihn in der Fortsetzung dieser Studie versuchen.

Es war eine stattliche Kriegsmacht, welche Ulrich von Jungingen am 15. Juli 1410 zum Entscheidungskampfe auf die Haide bei Tannenberg führte, 26,000 wohlgerüstete Reiter und 57,000 Streiter zu Fuß. Wohl war der Feind doppelt so stark an Zahl: 60,000 Polen, 42,000 Litthauer und Zamaiten, 40,000 Tartaren und — als furchtbarer Rückhalt — 21,000 kampfgeübte Söldner aus Böhmen, Mähren, Schlesien, Ungarn zogen unter Wladislaw (Jagello) heran. Aber im Heere des Ordens war man weit entfernt von Furcht, oder auch nur von Achtung des Gegners, vielmehr weht durch Alles, was der Hochmeister thut, jener Geist unbändiger, tragischer Ueberhebung, der von je das Verhängniß herbeizog. Wie einst Chlodowig an

der Spitze seiner Sigamborer den Syagrius aufforderte,
Ort und Tag des Todeskampfes zu wählen, wie Ariovist den
römischen Legionen das Stelldichein gab, läßt Ulrich das
gesammte Slavenheer ungestört seinen Aufmarsch vollenden,
übersendet dem Polenkönig die Symbole des blanken und
des blutigen Schwertes, nimmt dann den Kampf auf zu
trotziger, offener, ehrlicher, ungestümer Entscheidung. Man
kennt den Ausgang. Eine grausige Hekatombe, decken am
Abende 40,000 Ordenskrieger neben 60,000 erschlagenen
Feinden die Wahlstatt, darunter der Hochmeister mit seinen
Gebietigern, mit der Blüthe des Ordens. Es wäre ein ruhm=
voller Untergang gewesen, wenn Tapferkeit und Todesmuth
übermüthigen Unbedacht und kopflose Verzweiflung des Feld=
herrn entschuldigen könnten; aber nur zu bald sollte der
Gifttropfen in die frisch blutende Wunde fallen, die hier der
Vorhut des Deutschthums geschlagen wurde: oder vielmehr,
es sollte sich erweisen, daß die Gesundheit und Kraftfülle des
verwundeten Kämpfers nur eine scheinbare gewesen, daß das
zersetzende Gift im Körper angehäuft war und nur auf den
Augenblick wartete, der ihm den Organismus wehrlos dahin
gab. Nicht verlorene Schlachten stürzen Staaten und Völker
von ihrer Höhe; die Entscheidung liegt vielmehr meist in der
Haltung, mit der man ihren Folgen begegnet. Vor sechs und
sechszig Jahren hat die altpreußische Zopfarmee bei Jena und
Auerstädt unglücklich, aber tapfer und ehrenvoll gefochten.
Erst die Capitulationen, die Verzweiflung der Führer, das
Auseinanderfallen des Organismus hat ihr und ihrem System
dann für immer das Urtheil gesprochen; und nicht anders ist
es in jenen Julitagen des Jahres 1410 ergangen, als die
slavische Sündfluth zuerst verheerend über das ihr in langem
Ringen, Fuß für Fuß abgetrotzte deutsche Culturland herein=
brach. Man traut seinen Augen nicht, wenn man die Berichte
von dem unerhörten Abfall, dem Zusammenbrechen aller

Stützen des Ordensstaates vergleicht, die unmittelbar auf die Niederlage folgten. Wohl hatte Jungingen in thörichter Sicherheit die Ordensburgen entblößt und für Aufstellung irgend einer geordneten Reserve nicht Sorge getragen. Solche Vernachlässigung aber hatte vor vierhundert Jahren nicht soviel zu bedeuten, wie in unserm Zeitalter der Eisenbahnen und Telegraphen. Es hatte gute Wege mit dem Vordringen einer siegreichen Armee in einem Lande, reich an ummauerten Städten, festen Schlössern, bewohnt von einer streitbaren Bevölkerung, wenn diese letztere gewillt und entschlossen war, sich hinter ihren Mauern zu wehren. Was feste Mauern und ein entschlossenes Herz gegen die Kriegsmittel jener Zeit, gegen Sturmleitern, Pfeile, Aexte, Rammböcke, gegen die ersten ungefügigen Versuche der Geschützgießerei vermochten; wie außerordentlich schwierig es war, in feindlichem Lande ein größeres Heer zu erhalten, das hat sich nachher bei der Belagerung Marienburgs gezeigt. Seit Winrich von Kniprode's Zeit war das bürgerliche Wehrsystem der deutschen Städte auch in Preußen ausgebildet. Die bewaffneten Zünfte, die „Mayen" von Danzig, Elbing, Braunsberg, Königsberg u. a. hatten in mehr als einem Kampfe sich bewährt. Der Landabel und die Dorfschaften waren durch die Litthauerzüge in beständiger Uebung gehalten, und von einer wirklichen materiellen Erschöpfung der Streitkräfte durch den Verlust eines Heeres von ca. 80,000 Mann, zu welchem Livland, die Neumark und deutsches, auch slavisches Söldnervolk seinen Antheil gestellt, konnte wohl nicht die Rede sein. Was nach Tannenberg geschah, hatte tiefere Ursachen. Es war ein jäher Zusammensturz, ein allgemeiner Abfall von der vaterländischen Sache, wie er nur da möglich ist, wo die Elemente des Staates der organischen, sittlichen Verbindung und Festigung entbehren. Es war nicht genug, daß das Slavenheer auf seinem Siegesmarsche gegen Marienburg keinen Widerstand fand. Von allen Seiten her, aus entfernten Theilen des Landes brachte man dem Könige die Huldigung entgegen. Die eigenen Ritter verließen und verriethen vielfach den Orden, plünderten die entblößten Schlösser und gingen mit der Beute davon, noch allgemeiner, das einzige Marienburg ausgenommen, war der Abfall der Städte, und das Landvolk, von seinen natürlichen Führern verlassen, floh vor dem verheerenden Feinde in die Wälder. Wohl brach sich dann der Ansturm der Polen an des Schwetzer Comthurs, Heinrich Reuß von Plauen heldenmüthiger Gegenwehr vor den Mauern des Haupthauses an der Nogat. Die slavische Springfluth verlief sich blitzschnell wie sie gekommen. Schon am 9. December, fünf Monate nach dem Beginn des Krieges, gab der Waffenstillstand zu Nessau dem Ordenslande seine alten Grenzen zurück und der Friede zu Thorn, am 1. Februar 1411, ließ die Besiegten mit einer Geldentschädigung (100,000 Schock Groschen) davon kommen. Aber nicht zurückzugeben war das Vertrauen zwischen Landesherrn und Bürgern; nicht wiedergewonnen wurde das Bewußtsein der Kraft, der überlegenen Tüchtigkeit, und bald brachte die bittere, nun eintretende Noth, die von Jahrzehnt zu Jahrzehnt, von Hochmeister zu Hochmeister stieg, vollends alle bösen Schäden zu Tage, an denen dieses vor Kurzem so weithin glänzende, blühende Gemeinwesen krankte. Die Geschichte zeigt kaum ein traurigeres, unerquicklicheres Bild, als das Abmühen der auf den Besiegten von Tannenberg folgenden Hochmeister, zwischen dem übermüthigen, polnischen Nachbar, den widerspenstigen, meuternden Brüdern des Ordens, und der erbitterten, kurzsichtigen Selbstsucht ihrer Stände und Städte: um zu halten, was durch den Gang der Dinge nun doch einmal verurtheilt war. Der Retter Marienburgs wird „wegen zu großer Kriegslust" abgesetzt (11. October 1413) in enger Haft zu Brandenburg und Lochstädt gemißhandelt, seine beiden Nachfolger (Küchmeister von Sternberg bis 1422,

Paul von Rußdorf bis 1441) legen gebrochenen Herzens das unbankbare Amt nieder, Konrad von Erlichshausen (bis 1449) erreicht durch weiseste Mäßigung und Aufwand aller Hilfsmittel eines wahrhaft staatsmännischen Geistes wohl eine Beschwichtigung der Symptome der Krankheit, aber keine Heilung. Mit verdoppelter Wuth bricht das fressende Uebel unter seinem leidenschaftlichen Nachfolger, Ludwig von Erlichshausen, hervor, um mit der schmählichsten Katastrophe zu schließen, welche je über das Schicksal eines Staates entschied. Faßt man kurz zusammen, was während dieses halben Jahrhunderts die Oberfläche der preußischen Geschichte erfüllt, so ergiebt sich ein trostloses Chaos, von dem der Blick sich widerwillig abwendet: Steigender Uebermuth des Polen, der seiner Macht inne geworden ist und sie rücksichtslos mißbraucht, Pflichtvergessenheit, Trotz und Verzagtheit im Orden, widerwillige, engherzige Selbstsucht der Städte und des Landabels, überall ein Wuchern der Selbstsucht, ein sichtliches Nachlassen der bewegenden Springfedern und der zusammenhaltenden Bänder und Klammern des ganzen Organismus, Luxus neben Dürftigkeit und Rohheit, Rathlosigkeit neben Starrsinn, endlose Verhandlungen mit Polen, mit den Kaisern Sigismund, Albrecht II., Friedrich III., Unehrlichkeit und böser Wille auf beiden Seiten, und kühner Entschluß, durchgreifende Thatkraft auf keiner von beiden: endlich der Bürgerkrieg, der Abfall und Verrath in schlimmster Form und mit bösestem Ausgang. So die Oberfläche, von der der Blick sich unwillig und interesselos abwenden würde, wenn diese Dinge für sich allein baständen, als specielle Krankheit oder besonders zufälliges Unglück eines einzelnen Landes. Die Sache gewinnt aber ein anderes Ansehen, wenn die Betrachtung diese lokalen Vorgänge als ein Blatt der Zeitgeschichte zu lesen versucht, die Zustände der nordostdeutschen Vorhut mit denen der nationalen Haupt- und Grundmacht vergleicht, und von den absterbenden Organismen an der Oberfläche der Gesellschaft vordringt zu der unwiderstehlich wirkenden Ursache dieses weitgreifenden Zersetzungsprocesses: zu dem jungen, quellenden Leben, das aus den Tiefen der Gesellschaft schaffend, gestaltend, und darum auch abstoßend, vernichtend hervorbringt. Es ist mit der Betrachtung solcher Uebergangszeiten wie mit einem Gange durch den sich entfärbenden und entblätternden herbstlichen Wald. Der dilettirende Spaziergänger sieht nur die absterbenden Blätter und trauert über den „Tod der Natur". Der kundige Naturfreund weiß, daß unter jedem welkenden Blatte die Knospe wohlverwahrt den Frühling erwartet, und folgt mit Liebe und Andacht den Spuren des nie rastenden Lebens. Einem solchen Walde gleicht in gewissem Sinne die germanische Welt des fünfzehnten Jahrhunderts. Man muß ihre Geschichte im großen Zusammenhange mit der vorangehenden Blüthe des Mittelalters und mit den unmittelbar folgenden Geburtskämpfen des modernen Geistes erfassen, und man muß auf der andern Seite von den Erscheinungen des officiellen, staatlichen Lebens zu der innern geheimen Werkstätte der Geschichte, in Familie, Haus und im Herzen des einzelnen Menschen vordringen, um ihr gerecht zu werden. Dann aber ist die Ausbeute an Belehrung und Auferbauung auch um so reicher.

Wir erklären uns näher. Was in der Geschichte des fünfzehnten Jahrhunderts auf den ersten Blick charakteristisch hervortritt, ist eine Stockung und Zerbröckelung an allen Grenzen der großen, im Herzen Europas, von den Alpen bis zum Nord- und Ostmeer, von den Vogesen und Ardennen bis zur Leitha und im Nordosten, in weitem, kühnen Vorstoß bis zur Newa herrschenden und waltenden germanischen Gesellschaft. In Italien ziehen sich die letzten Reste des kaiserlichen Einflusses vor den aufblühenden, souveränen Städterepubliken und den kriegerischen Dynasten, emporgekommenen Glücks-

Soldaten zurück. Florenz, Genua, Venedig, die Visconti's, Gonzagas, Este's spotten der luxemburgischen Kaiser, der Karl, Wenzel, Sigismund, und als später die Habsburger wieder Einfluß gewinnen, treten sie nicht im Namen Deutschlands auf, sondern als locale Erbberechtigte und Prätendenten unter andere derselben Gattung. Im Westen fällt ein Stück des burgundischen Königreichs nach dem andern an die Krone Frankreichs, und der neuburgundische Staat der Valois schiebt sich schließlich, wie ein Keil, die Rechte des Reichs kaum noch dem Namen nach achtend, in die Rheinlande ein. Im Norden ist, trotz einzelner Erfolge, auf der ganzen Linie ein Zurückweichen der Hansa vor den lange genug niedergehaltenen und gemißhandelten Skandinaviern und vor England bemerkbar. Und noch greller treten die verhängnißvollen Zeichen der Zeit an der gesammten Ostgrenze hervor. Schon die kurze Blüthezeit der luxemburgischen Kaiserherrschaft in Prag hatte deutschem Wesen jenseits des Böhmerwaldes nicht so Vorschub geleistet, als man glauben möchte; vielmehr ist ein Erstarken des Czechenthums unter ihrem Einfluß von vorn herein nicht zu verkennen. Man begann sich in Prag als nationale Macht zu fühlen, während Karl IV., wenig bekümmert um das Reich, die Hilfsquellen Böhmens und der Nebenländer Mähren, Schlesien, dann auch Brandenburg's, in bisher noch nicht gesehener Weise zusammen zu fassen wußte. Dann ließ der von England nach Prag herüber schlagende Geistesfunke, angefacht durch die Unthat des Kostnitzer Concils und seines jammervollen Helfershelfers Sigismund, die in der Tiefe des slavischen Volksthums schlummernde Gemüthskraft zur hellen Flamme hervorbrechen. Es sind seltsame, in der deutschen Geschichte seit den Schreckenstagen der Ungarnkämpfe unter den letzten Karolingern nicht mehr erhörte Dinge, welche die blutgetränkten Annalen des Hussitenkrieges uns zeigen. Deutschland im Dienste Roms und eines treubrüchigen,

elenden, gekrönten Schwächlings im Kampf gegen die erste
volksthümlich starke Regung des evangelischen Geistes
(wenigstens seit den Zeiten der Waldenser die erste); die
Reichsheere schmachvoll verstiebend vor dem grimmen Ansturm
der czechischen Bauern; Scenen des grausen Entsetzens, der
Schmach, der Verzagtheit auf unserer, der verzückt fanatischen,
siegestrunkenen Wildheit auf slavischer Seite, wie sie die Welt
seit dem Schrecken der Mongolenzüge (und diese brachen sich
doch schließlich an der kühlen deutschen Heldenkraft unsers
niederschlesischen und neumärkischen Grenzvolks) nicht wieder
gesehen. Bei Saatz (1421), bei Deutschbrod (1422), bei
Brix (1425), bei Aussig (1427), bei Mies (1427), wurden
die schlesischen, mährischen, meißnischen, österreichischen Auf=
gebote schimpflich geschlagen. Das Aergste, noch nicht Erlebte,
geschah am 14. Juli 1431 bei Tauß. „Und geschah laider
großer Schaden", sagt Eberhard Windek, „wenn do blieben
an denen acht tausend wagen mit puchssen und pfeilen und
pulffer und spiese und vil frumer armer leute, und kamen
die andern schemlichen heim". Die Sache war die, daß das
130,000 Mann starke Reichsheer, unter Friedrichs von
Brandenburg Führung, nicht einmal den Anblick des Feindes
ertrug. Der Schlachtgesang der Hussiten: „Ihr, die ihr Gottes
Krieger seid", die dumpf heran rollenden Streitwagen, die
aus den Staubwolken aufblitzenden Waffen genügten, den
jähen Schreck in die Massen des Reichsheeres zu werfen.

    „Denn die Erstarrung und das Schweigen,
Das auf dem Heer der Deutschen lag,
Wich einem Schrecken sonder Gleichen
Der wie ein Blitz hernieder brach.
Unwiderstehlich, ohne Schranken —
Man sah die Ersten kaum noch wanken,
Noch war kein Widerstand versucht,
Da wälzte schon — ein wildes Meer —
Der Deutschen ungeheures Heer
Sich hin in unerhörter Flucht".

Man lese die weitere prächtige Schilderung bei Oelen=
schläger nach. (Gedichte, München, Werhoff, 1869,
Pag. 283 sqq.)

So erlagen deutsche „Kreuzheere", durch Papst und
Kaiser zusammengebracht, die Vollstrecker des Richterspruchs
der beiden Vertreter Gottes auf Erden, der Kraft einer nicht
zahlreichen slavischen Religionsbrüderschaft. Weit und breit
fühlten dann die Provinzen des wehrlosen Reiches den Zorn
des Feindes. Oesterreich, Meißen, Thüringen, die Neumark
werden erbarmungslos verwüstet; bis unter die Wälle Danzigs
(1433) bringt das wilde Volk, Eiska's „Waisen" (die Orpha=
niten). Kaum daß hie und da eine Bürgerschaft, wie z. B.
Danzig, oder ein festes Schloß sich ihrer erwehrt. Nur durch
wenig rühmliche Unterhandlungen, durch Benutzung der Zwie=
tracht unter den Ketzern und durch ungewohnte Nachgiebigkeit
flicken Kirche und Reich, auch hier wieder in unglücklicher
Zwangsehe verbunden, ihr Ansehen nothdürftig wieder zu=
sammen (1433). Was sich dann weiter während der langen
Jammerregierung Friedrichs III. an der deutschen Südost=
grenze begiebt, ist wahrlich nicht geeignet, das düstre Bild zu
mildern. Wien durch Matthias Corvinus von Ungarn erobert
(1485), die Türken, nach dem Fall Constantinopels in unauf=
haltsamem Vordringen gegen das Reich (schon 1469 erschienen
sie unter Assa=Bey mit 20,000 Mann in Krain), auf den,
meist nur durch Gesandte beschickten Reichstagen, fruchtloses
Gezänk um Privatinteressen während das Ganze darüber in
die Brüche geht, schließlich der alte, unfähige Kaiser, ein Mit=
leid suchender Flüchtling im Reiche: das ist in den Haupt=
zügen das Bild unserer politischen internationalen Bilanz in
jenem verhängnißvollen Jahrhundert. Darf man sich wundern,
wenn dabei auch die vorgeschobene Nordostmark unterstützungs=
los, kaum beachtet, von der steigenden slavischen Fluth ganz
verwüstet und halb verschlungen wird? Liegt es nicht nahe,

über den Verfall deutscher Kraft und Ehre und Tüchtigkeit zu trauern? Man hätte es doch einem damaligen Panslavisten, (wenn es dergleichen nämlich gegeben hätte) schwerlich verdenken können, wenn er die Orakelsprüche der Katkof, Rieger, Palazky und wie die Edeln heißen, über die Altersschwäche der entarteten germanischen Welt und den Zukunftsberuf des jugendkräftigen Slaventhums etwas voraus nahm und den Tag der Weltherrschaft für die Ritter auf ky, itsch, off und ecz als bevorstehend begrüßte.

Da ist es denn freilich merkwürdig, daß bei den Zeitgenossen von solch einer Auffassung der Dinge sich kaum eine Spur findet. Wir begegnen grimmigem Haß zwischen den Grenzbevölkerungen, grausem Religionsfanatismus bei den Hussiten. Aber von Mißachtung des deutschen Wesens im Ganzen und Großen, von Nationalhaß im heutigen Sinne, ist Nichts zu verspüren: vielmehr sind ganz unverdächtige und gewichtige Zeugnisse einer entgegengesetzten Stimmung vorhanden. In- und Ausländer vereinigen sich gelegentlich im warmen, ja begeisterten Preise deutschen Reichthums, deutscher Tüchtigkeit, Bildung und Kraft. Der Italiener Aeneas Sylvius (Piccolomini), der Grieche Laonicus Chalkondylas, die Deutschen Johann Regiomontanus und Conrad Celtes sprechen mit gleichem Entzücken von den blühenden Städten des Reichs, von Augsburg, Ulm, Frankfurt, Straßburg, Nürnberg, „dessen Bürger mit den stolzen Königen von Schottland nicht tauschen würden", von Lübeck, Hamburg, Danzig, den Beherrscherinnen der nördlichen Meere; der herrliche Anbau des Landes am Rhein und Main, die Lieblichkeit und der Fruchtreichthum der Landschaften nöthigen selbst dem Italiener Anerkennung und Bewunderung ab. An dem Volk hat er Nichts auszusetzen als — den zu trotzigen, allezeit kampfeslustigen Sinn, die unbändige Händelsucht: also das Gegentheil von Feigheit und Schwäche. Die Krieger

dieses ohnmächtigen, an der ganzen weiten Ostgrenze vor den
Slaven zurückweichenden Reiches waren in allen Soldheeren
der Zeit gesucht und gefürchtet; und was die Arbeit des
Geistes angeht, so haben die Zeitgenossen jener elenden, resul=
tatlosen Reichstage, jener endlosen, schwerfälligen, confusen
Verhandlungen, unter denen alle politische Vernunft und
Thatkraft schier zu ersticken scheint — die Buchdruckerkunst er=
funden, ebenso das Pulver und das Geschütz, das Spinnrad
und die Taschenuhren, sowie den Quadranten und die Erd=
globen, und wenn der Same griechischer Bildung in Italien
schnell und herrlich in Kunstblüthe aufging, so trieb er bei
uns die tiefen Wurzeln, aus welchen später der Lebensbaum
geistiger und sittlicher Freiheit erwachsen sollte. Fragen wir
aber, wie diese Gegensätze sich erklären und vereinigen lassen,
so scheint uns eine an Lehre, Ermunterung und — Warnung
reiche und der Wahrscheinlichkeit nicht entbehrende Antwort
nahe zu liegen. Glückliche und siegreiche Völker sind stets
geneigt gewesen, ihre Erfolge auf Rechnung ihrer Tugenden,
ihrer innern Gesundheit und Tüchtigkeit möglichst ausschließ=
lich zu setzen, und den Besiegten haben Sieger und schaden=
frohe Zuschauer den Vorwurf der Unsittlichkeit und Verkom=
menheit selten erspart. Unseres Erachtens wird nach beiden
Seiten hin nur zu oft das Kind mit dem Bade ausgeschüttet.
Wohl sind Sittlichkeit, Geist, Talent gewaltige Factoren in
den großen Rechenexempeln, die über Credit und Debet der
Völker entscheiden. Wohl pflegt der innern Versunkenheit der
äußere Sturz früher oder später zu folgen. Aber darüber
ist nicht zu vergessen, daß in der politischen Action der Völker,
in ihren Massenerfolgen und Fehlschlägen ihre politische Ver=
fassung und ihre Führer eine ganz gewaltige Rolle spielen
und daß deren Tüchtigkeit mit nichten unbedingt der Be=
wegung des nationalen Culturprozesses Schritt für Schritt
folgt. Es kommt vor, daß eine treffliche Verfassung unwirk=

sam wird, weil ein entartetes Volk sie nicht mehr ausfüllen kann, und dann ist für Volk und Gemeinwesen meist keine Hilfe mehr vorhanden. So ging es Athen und Sparta, so dem republikanischen Rom. Aber auch das Gegentheil tritt ein: das Herauswachsen einer gewaltigen, zukunftsfreudigen Volkskraft aus überlieferten Formen, deren man sich gleichwohl nicht plötzlich entschlagen mag und kann: und dann treten jene wunderbaren Zwielichtstunden der Geschichte ein, die dem oberflächlichen Betrachter nur Verfall und Zwiespältigkeit zeigen, während sie dem liebenden und eindringenden Forscher die schönsten Offenbarungen des Volksgeistes zuflüstern. Eine solche Epoche ist für die gesammte germanische Welt das 15. Jahrhundert gewesen. Die Staatsmaschine, wie das Reich der Salier und der Hohenstaufen sie geschaffen, ist überall rostig und morsch, hält kaum noch zusammen. Alle ihre Organe versagen den Dienst und so bricht das gewaltige, unbehilfliche Werkzeug denen, die es führen, in den Händen entzwei. Aber nicht Schwäche, sondern weit eher Ueberfülle der Glieder lähmt überall die Wirkung des Ganzen, und so gewinnt die Geschichte dieser bewegten Tage der patriotischen Betrachtung eine Theilnahme ab, in der überall Freude über die schwellenden Knospen eines künftigen Frühlings der Wehmuth und dem Mißmuth über die welkenden, fallenden Blätter die Wage hält. Wie diese großen Verhältnisse auch in die demnächst zu würdigende Katastrophe unserer westpreußischen Heimath eingriffen, darüber wird nun ein Wort zu sagen sein.

Wir führten den Rückgang deutscher Macht und deutschen Einflusses im fünfzehnten Jahrhundert auf zwei innerlich entgegengesetzte Ursachen zurück: Erstarrung und Zerbröckelung der staatlichen Formen des Mittelalters, und daneben mächtiges Anschwellen eines neuen höhern Bildungstriebes im Kern des Volkes, der, während er die Zukunft rettete, die politische äußere Action für die Gegenwart vollends lähmte. Für unsere Ostseecolonien kamen beide Factoren in vollem Maße zur Geltung, denn ihre politische Organisation gehörte wesentlich und ausschließlich der absterbenden, hierarchisch-feudalen Welt an, und die besten Kräfte ihres Volkslebens verdankten sie den maßgebenden Elementen der Neuzeit. Geistliche Ritter theilten mit hanseatischen Kaufherren den maßgebenden Einfluß in Preußen. Der Bund aber, welchen diese Gewalten im dreizehnten und vierzehnten Jahrhundert geschlossen hatten und dem sie Größe und Glück verdankten, wurde durch die sociale und politische Umgestaltung des fünfzehnten Jahrhunderts von zwei Seiten her in seinem Lebensnerv getroffen. Die aufkommenden Nationalstaaten bedrohten das Lebensprincip der Hansa; die mit dem Söldnerwesen sich aufdrängende Geldwirthschaft legte den Feudalstaat lahm. Die besondern Verhältnisse Preußens aber drängten dahin, die anderwärts langsam verlaufende Krisis zu einer acuten zu machen. Sie mußten zu gewaltsamer Trennung zweier Gewalten führen, die unter günstigern Umständen vielleicht bei uns, wie anderwärts, mitsammen zu einer allmäligen Umbildung und Erneuerung gelangt wären.

Es wird der unvergängliche Ruhm der mittelalterlichen Städterepubliken bleiben, daß in ihnen die moderne Freiheit und Bildung, soweit sie in Ausbildung der individuellen Kraft und Anerkennung des individuellen Rechtes wurzelt, ihre Erziehungs- und Schuljahre genoß. Die Städte waren die Wiege des Mittelstandes, die Asyle der freien Arbeit, die aus dem Boden der hierarchisch-feudalen Gesellschaft mächtig aufsprießende Saat einer neuen, bessern Zeit. Aber als organische und lebenskräftige Organismen theilten sie auch die Doppelnatur aller wahrhaft historischen Gewalten. Sie rüsteten die Zukunftsidee mit den Waffen der Vergangenheit und Gegenwart aus; die freie Arbeit bestand ihre ersten siegreichen Kämpfe in den Formen des starren Privilegiums; das engherzig ausschließliche Bürgerrecht wurde die Schule des Menschenrechts; der befreiende und befruchtende Völkerverkehr machte seine Lehrjahre unter der Vormundschaft des engherzigsten Mercantilismus durch. Die deutsche Hansa insbesondere hat mit Nichten eine Ausnahme von jenem Geiste ausschließlicher, oft recht kurzsichtiger Selbstsucht gemacht, der die Beherrscher des Handels, von den Phöniziern bis zu den Spaniern, Holländern, Engländern von jeher gekennzeichnet hat und dem erst das freihändlerische England der neuesten Zeit sich in vorgeschrittenem Verständniß des eigenen Vortheils entwindet. Fremde Handels- und Gewerbthätigkeit auf jede Weise, nöthigen Falls selbst mit Gewalt, zu hemmen, galt den vereinigten norddeutschen Seestädten stets als Grundbedingung des eigenen Gedeihens. Wie die Portugiesen und Spanier in der Zeit der Entdeckungen, hatten sie es lange mit halbbarbarischen, gewerblich unentwickelten Ländern zu thun, deren reiche Naturproducte sich gegen Erzeugnisse der westeuropäischen Arbeit mit enormem Vortheil eintauschen ließen; und die verführerische Gewohnheit dieses auf Ausbeutung der Schwächern berechneten Verkehrs gab ihrem ganzen Geschäfte die grob selbstsüchtige, gewaltthätige Richtung, welche früher oder später den Widerstand aller Benachtheiligten hervorrufen mußte. So erkaufte die Hansa in England von den stets geldbedürftigen Königen das Monopol der Einfuhr und Ausfuhr mit vollständiger Freiheit des Detailgeschäftes im Lande. In Bergen, in Wisby, in Novgorod wies sie jeden Nicht-Hansen zurück, auf Seeland und Schonen schloß sie nicht weniger, so weit die Macht irgend zureichte, jede fremde Mitbewerbung aus. Selbst den Fischfang an den eigenen Landesküsten nahm man Dänen und Schweden vorweg, so lange man Herr des Meeres war. Das unbarmherzige Monopol war das Ziel: jedes Mittel gut, es zu erreichen. Und kaum besser als gegen Fremde verfuhr man gegen die eigenen Genossen, sobald die Interessen sich kreuzten: wie denn schon im Anfange des 15. Jahrhunderts ein verhängnißvoller Gegensatz zwischen den Städten der beiden Flügel (wenn der Ausdruck erlaubt ist) und denen des Centrums hervortrat und bald folgereiche Verhältnisse annahm. Hier, im Mittelpunkte der langen Linie, beherrschten Lübeck, die Königin des Bundes und neben ihr Hamburg durch die Trave= und Elb=Mündung und den Stecknitzcanal den gesammten Waarenverkehr zwischen den baltischen und den Nordsee=Ländern, resp. dem innern Deutschland. Nur ungern und selten wagte im Laufe des vierzehnten Jahrhunderts der friedliche Kaufmann die Fahrt durch den Sund und das Kattegat: vielmehr ging der Hauptzug des Verkehrs auf der Ostsee bis Lübeck, auf der Nordsee bis Hamburg, mit unermeßlichem Gewinn für den Zwischenverkehr beider Emporien; und wie Feindseligkeit und Privilegienbruch wurde es später behandelt, als allmälig Livländer, Preußen, Pommern von hier, Niederländer und Engländer von dort unmittelbare Verbindungen anknüpften. Bedachte man sich doch lübischer Seits nicht, die Gesandten Heinrichs VI. von England im Jahr 1448 wegzufangen und in Lübeck festzuhalten, um einen Handelsvertrag zwischen England und dem Hochmeister Paul von Rußdorf zu hindern! So kam es, daß man den deutschen Kaufmann im ganzen Norden wegen seiner ausschließlichen Eigensucht ebenso eifersüchtig haßte, als man von seinen Capitalien, seinem energischen Unternehmungsgeist, seiner Geschäftstüchtigkeit sich abhängig wußte. Die ganze Blüthe des hanseatischen Handels, auf rücksichtslose Ausbeutung der Schwachen gegründet, mußte gefährdet werden, sobald die Schwachen sich zu entwickeln, zu ermannen anfingen. Der hansische Kaufmann hatte seine Cultur an die Küsten Livlands, Preußens, Norwegens, Schwedens getragen. Aber diese Cultur hatte

selbst in Preußen nur in einem schmalen Küstenstrich sich
heimisch gemacht. Ueberall sonst blieb sie, wie etwa die por=
tugiesische an den afrikanischen und indischen Küsten, auf
einzelne Städte, resp. auf befestigte Waarenniederlagen und
Kaufhöfe beschränkt. Das weite Hinterland stand ihr miß=
trauisch, bald genug feindlich entgegen, und jeder Schritt zu
politischer und socialer Organisation, zu nationalem Zusammen=
schließen in den Gebieten, die man auszubeuten gewohnt war,
stellte die ganze Herrlichkeit nothwendig in Frage. Hier liegt
die erste, unvermeidliche Ursache des Rückganges, mit welchem
die Entwickelung des fünfzehnten Jahrhunderts, noch lange
vor der Umgestaltung des Welthandels durch die Entdeckungen
der Portugiesen und Spanier, die wirthschaftliche Blüthe
Deutschlands bedrohte: denn jene Entwickelung wird bekannt=
lich durch ein mächtiges Zusammenschließen und nationales
Erstarken der romanischen, slavischen und skandinavischen Welt
ebenso gekennzeichnet, wie durch den unaufhaltsamen politi=
schen Zerfall in der germanischen Mitte des Welttheils. Die
Vereinigung Littauens und Polens eröffnete schon zu Ende
des vierzehnten Jahrhunderts (1386) den Reigen. Sie be=
drohte nicht weniger den Handel der preußischen Städte, als
die politische Stellung des Ordens: es war der erste Vorge=
schmack des Zustandes, den wir seit 1815 nur zu gut aus
eigener Erfahrung kennen, und gegen den das Heilmittel bis
heute noch nicht gefunden ist. Bald darauf (1397) ver=
einigte Margaretha die drei nordischen Reiche zu einem wider=
standsfähigen Ganzen, und nach ihrem Tode (1412) begann
dann auch jenes verhängnißvolle Einschreiten der Hansa für
ihren Schützling, den schwedischen Prätendenten Albrecht von
Mecklenburg, von dessen Folgen sich der baltische Handel wäh=
rend des ganzen Jahrhunderts kaum wieder erholt hat. Jahr=
zehnte lang ging es auf der Ostsee und bald auch an den
deutschen Nordseeküsten mit Seeraub, Mord und Todtschlag

her, wie in der schlimmsten Flibustierzeit im westindischen Archipel. Die „Stehlbriefe" der Hansa hatten das verzweifelte Abenteurervolk des ganzen Nordens in unsere Gewässer gelockt, und es zeigte sich, wie gewöhnlich, schwerer, die schlimmen Geister zu bannen, als sie zu rufen. Die Zerstörung des reichen Nowgorod durch Iwan III. (1478) drückte dann das Siegel auf alle das Elend. Mit der Ausbeutung des russischen Hinterlandes hatte es seitdem ein Ende. Und fast schlimmer noch war das Unwetter, welches sich seit dem Anfange des 15. Jahrhunderts im Westen zusammenzog; man bekam es da mit einem stärkern Gegner zu thun, als selbst die Raublust und die nationale Eifersucht der erstarkenden Slavenreiche es war. Mit ebenbürtiger Zähigkeit und Intelligenz nimmt der englische Bürger den Concurrenzkampf gegen seinen reich und übermüthig gewordenen deutschen Stammesvetter auf, und durch eine unvergleichliche geographische Lage, sowie durch den unschätzbaren Rückhalt eines großen nationalen Gemeinwesens begünstigt, gewinnt er in langsamem, aber unwiderstehlichem Vordringen allmälig die Ueberhand. So reich sich deutsche Arbeit, deutscher Unternehmungsgeist, deutsche Erfindungskraft in diesen denkwürdigen Jahren entfalten: es liegt doch Etwas wie der Schimmer der sinkenden Sonne über dem ganzen, mehr gespaltenen als gegliederten Treiben und Ringen der Nation; und wie die ersten, tiefen Schatten der hereinbrechenden Dämmerung, des dreihundertjährigen Zeitraums nationalen Rückganges auf unsern vorgeschobenen baltischen Posten fallen mußten, das ist dann nur zu begreiflich. Unter den zerstörenden Gewalten, welche nach der Schlacht bei Tannenberg jede Heilung verhinderten, ist die große Krisis des deutschen Handels in erster Linie zu nennen. Lange hatte der Orden die Rolle eines „Schützers der Hansa" unter seine besonderen Ehren gerechnet. Zwischen Rostock und Wismar that noch Conrad von Jungingen 1399 den erbetenen Schiedsrichterspruch, gegen das Räubergesindel der Vitalienbrüder kämpften die Ordensschiffe rühmlich neben denen der Städte: noch Paul von Rußdorf sandte 1430 und 1434 seine Gesandten zu den Bundestagen und galt im Auslande, wie erwähnt, für den Protector der Hansa. Aber schon hatte das Verhältniß lange nicht mehr die gesunden Grundlagen der alten, guten Zeit. Die preußischen Städte, Danzig voran, hatten sich den reichen, mächtigen, milden Schutzherrn in den goldenen Tagen der Kniprode und Jungingen gern gefallen lassen. Jetzt, nachdem das Unglück im Ordenshaupthause der Alltagsgast wurde, fangen sie an, in der gefährlichen Genossenschaft sich unbehaglich zu fühlen. Des Ordens unversöhnlicher Gegensatz gegen Polen und Littauen gefährdet den Landhandel. Zur See begegnet man der Concurrenz der geistlich-ritterlichen Landesherren, die ihre Producte selbst nach England verschicken. In den eigenen Häfen fühlt man sich durch den verhaßten „Pfundzoll" belästigt. Seit Plauens Tagen (1410—1413) ist der Klagen kein Ende. Der Handelsgeist der Städte zeigt seine Kehrseite. Er wendet sich ab von dem Landesherrn, den man von tödtlichen Feinden umringt sieht, dessen Hilfsquellen mit dem Absterben der hierarchischen Weltordnung, aus der sie stammen, versiegen, und — dessen Ansprüche in dem Maße sich steigern, als seine Leistungen abnehmen. Kaufmännischer Eigennutz und bürgerlicher Freiheitsgeist wirken zusammen, um die Dämme zu durchlöchern, welche unsere deutsche Culturinsel noch nothdürftig gegen die steigende slavische Fluth vertheidigen, und nur zu bereitwillig kommt der Standesgeist des von der regierenden Ordensaristokratie zurückgesetzten Landadels dem Particularismus der Städte entgegen. Alles, was die deutsche Art Tüchtigstes besitzt, Wehrhaftigkeit, Rechtssinn, Anhänglichkeit an die Gemeinde, die Standesgenossen, wird durch das schwere Verhängniß der Zeit zum Verderben gewendet. Was dann folgt, muthet uns an, wie ein Prolog der großen deutschen Tragödie, welche sich im sechszehnten, siebzehnten und achtzehnten Jahrhundert vollziehen sollte. Unsere Vorfahren zahlten an ihrem Theile den Preis, um welchen die Eigenart unsers Stammes uns fast alle socialen Fortschritte hat erkaufen lassen, und wenn es nicht ihr Verdienst war, daß sie die Erhaltung ihrer bürgerlichen Selbständigkeit nicht mit ihrer Nationalität haben bezahlen müssen, so wird eine billige Beurtheilung nicht vergessen dürfen, daß auch im großen Vaterlande die tödtlichen Folgen des particularistischen und religiösen Haders nicht etwa ausschließlich durch unser Verdienst am letzten Ende gewendet sind. Wer in den großen Krisen unserer Geschichte die Hand einer schützenden und erziehenden Vorsehung nicht anerkennt, der wird wenigstens zugeben, daß diese „Zufälle" eine merkwürdige Consequenz gezeigt haben, und daß sie uns zur Bescheidenheit ebenso auffordern, als zum getrosten Vertrauen auf unsere Zukunft.

Wie sich nun in Preußen im Einzelnen das Verhängniß vollzog, das uns für drei volle Jahrhunderte an Polen brachte, darüber werden wir an diesem Orte kurz sein dürfen. Soviel vor Allem zeigt der ganze Verlauf: Nicht überlegene Kraft des Gegners, sondern lediglich die innere Auflösung der Landesverhältnisse und die Nöthigung der gesammten Weltlage führte die Katastrophe herbei. Der Feind, dem der Orden erlag, war nicht sowohl Polen, als der wirthschaftliche Umschwung des Jahrhunderts. Der Orden, mit der Hansa und seinen Städten entzweit, war dem Uebergange aus der Natural= in die Geldwirthschaft nicht gewachsen. Der versagende Rittergeist gab den Söldnern alle kriegerischen Entscheidungen in die Hand; die Söldner verlangten baares Geld. Die ungeschickten Versuche solches zu schaffen, führten zum Bruche mit den Städten, und der Bruch mit den Städten ließ die letzten Hilfsquellen versiegen. In diesem fehlerhaften Zirkel bewegt sich die ganze, traurige, aber lehrreiche Geschichte. Gleich nach dem Rückzuge der Polen, 1411, greift Heinrich von Plauen zur plumpsten und verderblichsten aller Finanz= maßregeln: zur Verschlechterung der Münze. Todtfeindliches Widerstreben der Handelsstädte, Danzig an der Spitze, ist die unvermeidliche Antwort. Der zweite, nicht endende Streit= punkt sind die Hafenabgaben; ein dritter die Handelsverbote; dann der Selbsthandel des Ordens und die Schutzlosigkeit des preußischen Kaufmanns in Polen und Littauen. Der Bürger fühlt sich in seinen Lebensquellen bedroht: das ist die vornehmste Quelle des Habers. Was sonst als Klage vor= gebracht wird: Uebermuth, Grausamkeit, Wollust einzelner Ritter ist augenscheinlich mehr Decoration und Inscenesetzung der Anklage, als ernstlich treibende Ursache, zumal es im schlimmsten Falle immer nur Einzelne trifft. Auch die Ent= fremdung des Landadels wird, bei Lichte besehen, in erster Linie durch die finanziellen Forderungen des Ordens bedingt: und diese Forderungen sind wiederum durch jenen Verfall der mittelalterlichen Staatsmaschine erzwungen, von dem schon die Rede war. In dem Maße, als der Lehnsdienst sich un= genügend und unzuverlässig zu erweisen begann, war das Kriegswesen zum Geschäft, zum Handwerk brodloser Aben= teurer geworden. Italiener, Wallonen, Czechen und in her= vorragender Menge Deutsche, später auch Schweizer, stellen ihre Waffen dem Meistbietenden zur Verfügung. Nun zahlt aber der Adel grundsätzlich kein Geld, oder doch so wenig als möglich, der Bauer hat keins. Der städtische Kaufmann und Handwerker soll also herhalten. Er soll Zölle erlegen, An= leihen hergeben: Alles unerhörte, ungewohnte Dinge, gegen die er sich auf's Aeußerste wehrt. Und damit ist denn poli= tischer Zerfall, Anarchie überall unvermeidlich, wo nicht der Souverän durch sein wirthschaftliches Geschick sich zum

Herrn der Lage macht. Die volle Kasse giebt fortan den Ausschlag; sie ist der Talisman, mit dem die typischen Vertreter des fünfzehnten Jahrhunderts, Ludwig XI., Heinrich VII. in England, die ersten Hohenzollern in Deutschland die bösen Geister beschwören. Gegen den unglücklichen Ordensstaat aber richten die entscheidenden Gewalten der Zeit vereinigt ihren tödtlichen Angriff. Zu dem Haber mit den Städten und dem Landadel (schon 1411 und 1416 war in Danzig Blut in offenem Aufstande geflossen) kommen 1415 und 1422 die Kosten und Verwüstungen neuer Polenkriege. Samogitien, Sudauen, Burg Nessau gehen 1422 im Frieden am See Melno verloren. Pest und Mißwachs verschlimmern 1427 die Lage. Das Zugeständniß eines „Landrathes" (6 Gebietiger, 6 Prälaten, 6 Landedelleute, 6 Vertreter der Städte) wird 1430 nur noch als ein Armuthszeugniß des Ordens aufgefaßt, versöhnt nicht, sondern ermuthigt den Widerspruchsgeist. Ein neuer polnischer Einfall (1431) erschöpft vollends die Hilfsmittel. Der ewige Friede zu Brzeszce besiegelt den Schimpf und Verfall des Ordensstaates. Vor den Insulten seiner eigenen, zuchtlosen Ritter sucht der greise Paul von Rußdorf bei — den Danzigern Zuflucht, und im Frühlinge 1440 (erst zu Elbing, dann, 13. März, zu Marienwerder) schließen sich alle Elemente der Auflösung, des Sondergeistes offen zusammen, zu dem großen Bunde der preußischen Städte und Stände. Gleichgiltig gegen das Schicksal einer Staatsregierung, die von den treibenden Gewalten der Zeit überall unterwühlt ist, sucht man aus dem Schiffbruche der öffentlichen Dinge wenigstens die Sonderexistenz der Commune, der Corporation, der Familie zu retten. Das Nationalgefühl, wie wir es verstehen, ist für Deutschland noch nicht erfunden. Dem Orden selbst ist es nicht ein einziges Mal während dieser Wirren eingefallen, es auch nur anzurufen, und die wenigen treuen Anhänger, die er während der schrecklichen Krisis bewahrte, sind so weit davon entfernt, wie seine erbittertsten Feinde. Es handelt sich lediglich um unversöhnliche materielle Interessen, und so kann denn auch guter Wille und Einsicht Einzelner nicht mehr bessern, was durch die ganze Sachlage verurtheilt ist. Nur eine Frist, nicht Rettung, konnte somit die kluge und und gerechte Verwaltung Konrads von Erlichshausen (1441—49) dem Orden noch gewinnen. Schon auf der ersten Tagefahrt zu Elbing (1441) verhandeln die Vertreter der Städte und des Adels nicht mehr wie Unterthanen, sondern wie Gleiche mit ihm: Privileg gegen Privileg, Recht gegen Recht. Freundlich, fast demüthig bittet der Hochmeister 1446 um Auflösung des Bundes: ohne Erfolg. Man traut ihm allenfalls persönlich, nicht aber dem Junkergeist seiner „Brüder". Die Geldnoth, durch den unwillig getragenen Pfundzoll kaum gemildert, bleibt der Krebsschaden des Landes. Die Hansa, mit der Rücksichtslosigkeit des kaufmännischen Sondergeistes, erschwert durch Proteste und offene Feindseligkeit die ohnehin unmögliche Lage. Sie sieht im Orden offenbar nur noch ein Hinderniß ihres Verkehrs und ist bereit, ihn dem Andrängen des slavischen Hinterlandes zu opfern. Es war schon oben von der brutalen Gewaltthat die Rede, durch welche Lübeck 1448 die Verhandlungen des Ordens mit England kreuzte. — Dazu wurde im Lande Preußen unter Rittern, Bürgern und Bauern die allgemeine Sittenerschlaffung der Zeit durch die Noth eher gesteigert als gehemmt: denn nur, wo eine große Idee die Gemüther ergreift, wird das Unglück die Mutter der Genesung. Es war eine vergebliche Warnung, die Konrad auf seinem Todbette den Brüdern zurief: „Wenn ihr meinen Vetter Ludwig wählt, so werdet ihr das Land verlieren". Nicht nur wählte man den ungestümen, schroffen und schwachen Mann: man sorgte auch durch eine verhängnißvolle Wahlcapitulation dafür, jede Besserung von vorn herein unmöglich zu machen. Keine Bürger und Bauern sollen mehr aufgenommen werden (man fühlte sich noch nicht verhaßt und vereinzelt genug!), der Meister soll Nichts ohne den Gebietiger thun: und dieser Rath, darüber blieb von vorne herein kein Zweifel, richtete sich auf gewaltsame Unterwerfung der Stände und auf Beseitigung der alten, strammen Zucht im Orden. Da nahm denn die bis dahin schleichende Krankheit rasch ihren Verlauf zur tödtlichen Krisis. Nur noch zum Schein suchte man von beiden Seiten den Schiedsspruch des Kaisers, dessen absolute Ohnmacht seiner Charakterlosigkeit vollkommen entsprach. Friedrich III. erklärt sich 1451 gegen den Bund, bestätigt ihn dann 1453 für — das Versprechen von 5400 Goldgulden, und zieht später sein Wort wieder zurück. Die Niederwerfung der bündischen Gesandten auf ihrem Wege durch Mähren (1453, durch v. Militiz) giebt neue Veranlassung zu wüthenden Klagen und Verdächtigungen, herüber und hinüber. Ein geheimer Bundesrath (die drei Baisen, Hans, Gabriel und Stibor, Hans von Czegenberg (Ziegenberg), Augustin von der Schewe, Thielemann vom Wege, Jonas von Eichholz) faßt entschlossen das Aeußerste ins Auge: Rüstungen, Aufstand, Bund mit dem Auslande. In den Schlußverhandlungen zu Wien vertritt dann der Orden, höchst bezeichnend für seinen Zerfall mit den Zeitgewalten, zum ersten Mal entschieden den Standpunkt des absoluten, göttlichen Rechts, verlangt 600,000 Gulden Strafgelder, Einziehung der Lehngüter der Schuldigen, unbedingte Anerkennung seiner Hoheits- und namentlich Besteuerungs-Rechte. Dem gegenüber klagen die Verbündeten über die unerträglichen Lasten der Polenkriege, über neue Zölle, Verschlechterung der Münze, Erpressung unbewilligter Steuern. Was über Gewaltthaten einzelner Gebietiger und Ritter hinzugefügt wird, bildet so zu sagen nur eine Begleitung dieser Grundmelodie. Als dann Papst und Kaiser sich dem Orden zuneigen, läßt der Bund sich contumaciren und thut ohne Bedenken den verzweifelten, entscheidenden Schritt. Schon 1452 hatte man in Culm offen erklärt: man werde bei Freunden Rath und Hilfe suchen, wo man solche zu finden hoffe. Jetzt zeigte sich, wie das gemeint war. In erschreckender Deutlichkeit zeichnen nun Baisens Anträge in Krakau, bei Casimir IV., die Lage, das rücksichtslose, bewußte Aufgeben der nationalen Sache, wie die Tage der Religionskriege und des Rheinbundes es nicht ärger gesehen: „Von Polen sei die Herrschaft in Preußen ausgegangen; deshalb haben alle Lande und Städte Preußens den König zu ihrem rechten Herrn erkoren, und flehen und bitten, daß er sie wieder in seine Herrschaft und Beschirmung aufnehmen und ihr Herr sein wolle, wie ihm solches mit Rechte gebühret." Gewiß, die Polen haben nur zu vollkommen Recht, wenn sie uns vorhalten, daß ihre Eroberung Westpreußens unsern Vorfahren, als „den Wollenden" kein Unrecht zufügte. Die ganz allgemeine und leidenschaftliche Erhebung gegen den Orden, wie sie dann dem Absagebrief vom 4. Februar 1454 unmittelbar folgte, strafte Baisens Worte nicht Lügen. Fast ohne Widerstand schien der Orden zusammen zu brechen. Er hatte in den ersten 8 Tagen 13 Burgen verloren; nach 4 Wochen besaß er vom ganzen Lande kaum mehr als Conitz, Schlochau, Stuhm und Marienburg. Königsberg war ohne Gegenwehr übergegangen, Danzig und Elbing waren von ihren Comthuren an die Bürger verkauft, die ganze Ritterschaft der östlichen Landestheile, „des Hinterlandes", war abgefallen, und Ludwig von Erlichshausen, der stolze Inhaber des „göttlichen Rechts," ruft — „die gnädige Vermittelung des Polenkönigs" demüthig an. Wenn nach solchem Anfange der Kampf dennoch mit sehr wechselndem Glück bis ins dreizehnte Jahr dauert und das Land zur Wüste macht (noch jetzt erkennt man vielfach in unsern Wäldern die Beete der Kornfelder damaliger Zeit), wenn der endliche Ausgang weit entfernt ist, auch auf die siegreiche polnische Macht nur einen schwachen Schimmer

kriegerischer Ehren und nationalen Ruhmes zu werfen, so wird das traurige Bild dieser dunkeln Tage dadurch für uns nicht weniger schmerzlich. Wohl rettete der „letzte Held von Marienburg", der wackere Blum, an der Spitze seiner Mit=
bürger die Ehre deutscher Treue und Tapferkeit. Wohl er=
wiesen sich auf der andern Seite Danzig, und nach ihm auch Elbing, Culm und Thorn zu jedem Opfer für ihren Local=
patriotismus bereit. Die Entscheidung bringt dennoch, hier wie dort, das vaterlandslose, abenteuernde Söldnervolk, das sich aus Deutschland und Böhmen wie ein Heuschreckenschwarm über das Land ausgießt, und nicht der höhere Muth, die staatsmännische Begabung, die nationale Tüchtigkeit, sondern recht eigentlich der Besitz des letztens Guldens entschied über den Sieg. Von den unbezahlten Söldnern des Ordens wird Marienburg (1457) für 430,000 Gulden an Polen verkauft. Die bittere Noth liefert drei Jahre später auch die Stadt und ihren braven Vertheidiger in die Hände des Feindes. Die letzten Jahre des Krieges zeigen nur noch planloses Rauben von beiden Seiten, ohne irgend eine große Action. Als der Hochmeister am 19. October 1466, abgehärmt, in ärmlichem Aufzuge, ein Verzweifelter, zu Thorn einreitet, um die Selbst=
ständigkeit und Ehre des Ordens dem Polenkönige zu Füßen zu legen, hat er eine Wüste hinter sich gelassen, da wo ein halbes Jahrhundert früher ein herrlich aufblühendes Cultur=
gebiet den Ruhm deutscher Ritterkraft und deutscher Bürger=
tüchtigkeit verkündigte. Und der Preis dieser Opfer? Erhaltung der „Privilegien" hatte Kasimir IV. seinen Verbündeten zu=
gesagt. Kein Pfundzoll mehr, kein Standrecht, keine Ver=
schlechterung der Münze! Danzig wird künftig selbst münzen, im Kriege auch Thorn und Elbing. Dazu freier Handel in Polen und Littauen, freie Wahl des zu nehmenden Rechts für den Verklagten. Nur Eingeborne werden in Preußen Stellen und Würden erhalten. Man wird eine Art Republik

bilden unter polnischem Schutze! Auf diese Bedingungen hin ist denn Westpreußen (und mit ihm Ermland) 1466 polnisch geworden, während der Hochmeister bekanntlich für Ostpreußen den Lehnseid leistete, die Zulassung von Polen zum Orden (bis zur Hälfte der Mitglieder) zugab und Kriegshilfe versprach: gegen Gewährung von Ehrensitz und Stimme im polnischen Reichsrath und Zusicherung des königlichen Schutzes. Kaiser und Reich aber hatten keine Hand gerührt, den Verlust zu wenden. Sie hatten weder Verständniß für diese Dinge noch die Macht, auf sie einzuwirken, und was die Hanse anbetrifft, so waren ihre kaufmännischen Interessen auf polnischer Seite. Das deutsche Bürgerthum in Preußen, zwischen eine absterbende geistlich-feudale Corporation deutschen Ursprungs und das mächtig aufstrebende, slavische Hinterland gestellt, hatte die Nationalität dem Geschäftsvortheil und der Wahrung des Sonderrechtes geopfert. Wir werden nun zusehen, wie ihm die Probe bekommen ist.

V.
Die polnische Zeit.

Der Thorner Friede bezeichnet eine inhaltschwere Schicksalsstunde in der Geschichte des deutsch-polnischen Ostens. Voll und mächtig, wie es schien für immer, hatte sich die Waage des langen Völkerkampfes zu Gunsten der Slaven geneigt. Bei uns Zersplitterung in harte Sonderinteressen, dort großartig anwachsende Einheit; bei uns Untergang des Nationalsinns in Standesgefühl und Localgeist, dort leidenschaftlich auflobernder Racenstolz; bei uns Verrath, Niederlage, Ohnmacht, dort Sieg und Herrschaft: das war die Bilanz. Wieder begrüßte der Pole als Herr der Küste das Meer, von dem ihn der deutsche Kaufmann und der deutsche Ritter zurückgedrängt hatte. Von der Quelle bis zur Mündung, von Krakau bis Danzig strömte die Weichsel durch polnisches Land. Auch an der Mündung des Niemen galt mittelbar polnisches Recht, und das nächste Jahrhundert fügte (1561) diesen beiden großen Lebensadern des Sarmatenreichs die dritte, die Düna, hinzu. So hatte das Reiter- und Bauernvolk des walbigen Binnenlandes mit der Cultur des Westens unmittelbar Fühlung genommen; nur von ihm selbst hing es hinfort ab, in deren Arbeitskette sich einzufügen als ein starkes, neues Glied, nach seiner Kraft und eigenthümlichen Art. Und während es den einen Arm dem Abendlande reichte, griff es mit dem andern weit und gebietend hinein in das Völkergedränge der ostslavischen Welt. Noch im frischen Siegesgefühl der Tannenberger Waffenbrüderschaft hatte sich, im October 1413, über die Staatsverträge hinaus, eine merkwürdige und characteristische Geschlechts- und Blutverbrüderung der Polen und Littauer geschlossen, (zu Horoblo), welche die Häupter des littauischen Adels, Mann um Mann, den großen polnischen Geschlechtern zu Waffen- und Wappengemeinschaft einfügte. Fortan wog nun das große vereinigte Doppelvolk mit dem Gewichte einer wirklichen Großmacht in den nationalen und politischen Entscheidungen des Ostens wie des Westens. Von der Ostsee bis zu den Ebenen Bessarabiens, der Ukraine und der Moldau, ja vorübergehend bis zum schwarzen Meer, von Landsberg an der Warthe, von der neumärkischen und pommerschen Grenze bis über den Dniepr hinaus, bis zu Desna beherrschten die Jagellonen ein Gebiet von gegen 19,000 geographischen Quadratmeilen, (also achtzig Procent größer als das heutige Kaiserthum Deutschland). Die Natur hatte dem Lande keine der Grundbedingungen des Gedeihens versagt: ein dem Ackerbau und der Viehzucht günstiges Klima, mit kalten Wintern zwar, aber warmen Sommern, reichen, ertragsfähigen Boden, herrliche, fast unerschöpfliche Waldungen, nicht unbeträchtliche mineralische Schätze, mannigfache Oberflächengestaltung, vom Hochgebirge bis zur grasreichen Steppe, ein umfassendes Netz natürlicher Wasserstraßen und brauchbare Häfen. Der Weizen von Sandomir, die Bauhölzer der Karpathen, Littauens, Wolhyniens, Podoliens, die Rinder- und Pferdeheerden der Ukraine, der Moldau, Bessarabiens, die Salzmassen Wieliczka's sind noch heute unerschöfliche Schätze. Und auch die Menschenkraft, diese Schätze zu heben, schien keineswegs zu fehlen: sie war wenigstens in einem starken, entwickelungsfähigen Grundstocke vorhanden. Genaue Schätzungen der Bevölkerung sind bekanntlich erst durch die Statistik und die ausgebildete Verwaltungsmaschine unserer Tage möglich geworden; doch wird man nicht zu sehr irren, wenn man die Bevölkerung Polens im achtzehnten Jahrhundert, also einer Zeit des allgemeinen Verfalls, auf etwa dreizehn Millionen veranschlagt, von verschiedener Abstammung und Art, aber durchweg körperlich und geistig gut ausgestattete Stämme: die größere Hälfte Polen, (etwa 7 Millionen), fast nur Ritter und Bauern, Männer des Schwertes und Pfluges; ihnen ähnlich die 4 Millionen Littauer und die 2 bis 3 Millionen russischer Abkunft (Roth- und Weiß-Russen). Doch auch Elemente der höher entwickelten, civilisirenden Arbeit waren vorhanden. Man hat viel über die polnischen Juden gescholten und gespottet. Kasimir der Große hat doch wohl gewußt, was er that, als er diese Virtuosen des Handels und des Geldverkehrs neben seinen Sarmaten sich ansiedeln ließ. Polen hat es ihnen, wenn nicht ausschließlich, so doch zu gutem Theile verdankt, daß die europäische wirthschaftliche Culturströmung an seinen Grenzen nicht stille stand. Eine ganz neue Aera aber schien für das wirthschaftliche Leben des fruchtbaren Weichsel- und Memel-Gebietes in Aussicht zu stehen, als der Thorner Friede die im Lande schon seit drei Jahrhunderten wirkenden deutschen Culturkräfte vervielfachte. Wir wissen, und zwar aus dem Munde des Feindes selbst, was der Erwerb von Elsaß-Lothringen für Frankreich bedeutet hat; nicht weniger liegt zu Tage, was Rußland seinen baltischen, deutschen Provinzen verdankt. Was war da nicht von deutscher Arbeitskraft, deutschem Geschäftsverstand, deutscher Bildung zu hoffen, wenn ihnen unter so günstigen Bedingungen, wie der Wortlaut des Thorner Friedens sie darbot, ein so reiches Arbeitsfeld sich erschloß? An den russisch-baltischen Küsten blühte kein Danzig, dessen Rührigkeit, gediegener Wohlstand und wehrhafte Manneskraft kaum dem mächtigen Lübeck den Vortritt ließ. Keine massenhafte Besiedelung mit tüchtigstem Ackervolk, wie sie das untere Weichselthal füllte, hatte dort einen unverwüstlichen Grundstock germanischen Bauernstandes geschaffen. In jeder Beziehung tritt die westslavische Welt ein reicheres, ausgiebigeres Erbe deutscher Bildungskräfte an, als sie im Jahre 1466 den immerhin schwer errungenen Preis ihres langen Kampfes mit dem Deutsch=Orden einstreicht. Es wird nur auf sie ankommen, alle diese Keime des Fortschrittes zu pflegen, als ebenbürtiges Glied sich einzufügen in die Kette der westlichen Culturstaaten, mit ihren stärkeren Kräften die Aufgabe zu lösen, der das Czechenthum ein Jahrhundert früher, nach glänzendem Anfange sich doch so wenig gewachsen zeigte. Wird es diesmal gelingen? Hat die dritte, die zahlreichste europäische Völkerfamilie endlich ihren Erstgeborenen, ihr leitendes Haupt erkannt und gefunden?

Man weiß, was die Geschichte zu antworten hat. Mögen einige Thatsachen hier lange Gedankenreihen vertreten. Wir sahen, wie der polnische weiße Aar 1466 in siegreichem Fluge die baltische Küste erreichte. Ein Jahrhundert später, 1561, gewinnt Polen, als Erbe des livländischen Schwertordens, die breiteste Grundlage für deren Beherrschung. Wenige Jahre darauf, 1569, gelingt zu Lublin die feste, staatsrechtliche Vereinigung aller der lose angefügten Glieder mit dem Reichskörper. Littauen und Preußen wurden polnische Provinzen. Es war die letzte, große That der Jagellonen, drei Jahre vor dem Erlöschen ihres Stammes. Damals war auch die Zeit, da in Polen, wie einst in Böhmen, die freiesten Denker der westlichen Welt sich bargen, die Zeit, da das im Thorner Frieden gewonnene preußische Land den köstlichsten Juwel, den Namen „Copernicus" in die polnische Ehrenkrone gesetzt hatte. Dann aber, wie bald, wie jählings ist es abwärts gegangen! Seit 1572 läßt das „Wahlkönigthum" keine feste, consequente Staatsbildung mehr aufkommen. In den ersten Jahrzehnten des siebzehnten Jahrhunderts füllen sich die baltischen Provinzen, von der Düna bis zur Weichsel, mit jenen zahllosen „Schwedenschanzen", den noch heute so stumm=beredten Zeugen polnischer Wehrlosigkeit und Zerfahrenheit gegenüber dem an Zahl so schwachen skandinavischen Gegner; 1629 geht Livland an Gustav Adolph verloren, 27 Jahre später (1656) holt sich das junge brandenburgische Heer an Schwedens Seite auf der Ebene vor Warschau den Sieges=kranz, der nachher zu Oliva (1660) mit Ostpreußens Unab=hängigkeit honorirt wird. Das Germanenthum weicht nicht länger zurück; es befestigt sich neuerdings in dem so lange bestrittenen, fast verlorenen Grenzland. Und noch schneller verdunkelt sich der Stern Polens im Osten. Den verachteten und gehaßten Russen (noch 1610 hatte ihr heiliges Moskau zitternd den polnischen Siegeseinzug gesehen), ihnen wird 1667, zu Andrussow, Smolensk, Severien, Kiew, das Gebiet der zaporogischen Kosaken, der weite, reiche Südosten zur Beute. Schon 1658 hatte der schwedische Diplomat, Graf Schlippenbach, in Stockholm, Berlin und Wien den ersten Plan einer Theilung Polens vorgelegt. Auf dem Reichstage sprach Johann Kasimir 1661 die prophetischen Worte: „Un=sere innern Unruhen und Zwistigkeiten können einen Krieg herbeiführen und der Freistaat (die be= und verrufene „pol=nische Republik") wird dann eine Beute der Nachbarn werden. Der Moskowiter wird Littauen, der Brandenburger Großpolen (Posen) und Preußen, der Oesterreicher Krakau nebst Zubehör nehmen." Solch eine Theilung zu hindern, schloß schon 1667 Ludwig XIV. einen Vertrag mit Schweden. Und wie haben sich dann in schneller Folge die Schicksalssprüche erfüllt! Nur einen kurzen, trügerischen Ruhmesschimmer warf die Sieges=sonne Sobiesky's auf die absterbende Herrlichkeit der ritter=lichen Sarmaten, der Franzosen des Nordens." Sein ganzer

Kriegsruhm konnte seine Gemahlin an ihrem eigenen Hofe nicht vor rohen Insulten ihrer „ritterlichen" Vasallen bewahren. Schimpfreden, Ohrfeigen, Rippenstöße, blutige Köpfe gaben auf seinen Reichstagen mehr als einmal den Ausschlag. Ueberall krachte das Reichsgebäude in den Fugen. Nachdem der berühmte Türkenbesieger (dem beiläufig nur ein mäßiger Antheil an der Schlacht von Wien gebührt) am 17. Juni 1696 mitten unter dem Geschrei und Toben seines betrunkenen Hofgesindes gestorben war, ist die Geschichte des Polenreiches nur noch ein widerlicher, unrühmlichster Auflösungsproceß, dem freilich äußere Gewalt am Ende zu der Ehre eines krampfhaften Knalleffects half. Die Krone ein Zankapfel auswärtiger Fürsten, das Reich vollkommen wehrlos, von Niemandem weder geachtet noch gefürchtet, noch geliebt, Niederlagen an den Grenzen, im Innern Gesetzlosigkeit, Verfall, Bacchanalien unter Trümmern, Putz und Schmutz, „polnische Wirthschaft" im schlimmsten Sinne des Wortes: das ist die Summe der sieben bis acht letzten Jahrzente. Es war kein Segen für diese versinkende Welt, daß ein eiteles deutsches Renegatengeschlecht lange Jahre hindurch den Staub und Moder mit den Arbeitserträgen des fleißigsten, genügsamsten, geduldigsten deutschen Stammes zu vergolden bemüht war. Die Regierungen der beiden Auguste, die des prächtigen „starken" und die des unzurechnungsfähigen „guten" brachte sächsisches Geld nach Warschau und polnische Liederlichkeit nach Dresden: aber der schlechte Handel gereicht zu Niemands Vortheil. Erst herrschte der Schwede im polnischen Lande, dann setzte der gefährlichere Russe sich fest. Seit russische Waffen den zweiten August zurückgeführt, dem dritten unter Danzigs Wällen (1734) die Krone erobert hatten, seit dann gar Katharina ihrem „Freunde", dem schönen Stanislaus Poniatowsky das traurige Theaterscepter in die Hand gedrückt hatte, war das Schicksal des Reiches besiegelt. Die Parteiwuth, die Liebedienerei, auch der Patriotismus und der naive Weltbürgersinn haben, drüben und hüben, nachher Reihen von Bänden zusammengeschrieben, um die „Vollstrecker des Schicksalsspruches" zu glorificiren, oder die „Henker Polens" zu brandmarken. Der unerhörte „Volksmord" ist für lange Jahrzehnte die wirksamste Inspiration der europäischen Freiheits= lyrik und das Lieblingsthema der „liberalen" Geschichtsschrei= bung und Publicistik gewesen. Wieviel überflüssige Mühe, sofern es dabei um ernste Meinungen urtheilsfähiger Männer und nicht lediglich um Agitationsmittel sich handelt! Keinem vernünftigen Menschen kann es ja einfallen, das Verfahren der „weisen" Katharina, des „philosophischen" Friedrich, der „tugendhaften" Maria Theresia moralisch weiß zu waschen, und es bürgerlich ehrlich, oder gar großmüthig und „ritter= lich" zu finden. Und doch hat nur die vollendete Gedanken= losigkeit oder die deutschfeindliche Perfidie dem schwer wunden Ehrensieger des siebenjährigen Krieges es zumuthen können, entweder an der polnischen Adels= und Jesuiten=Wirthschaft zum Märtyrer und Don=Quixoto zu werden, für die Conser= virung einer deutschfeindlichen Barbarei den kaum geendigten Riesenkampf mit Rußland wieder aufzunehmen, oder die russi= schen Grenzpfähle ein paar Meilen von Frankfurt a. d. O. aufstellen und die ostpreußische Culturinsel von dem slavischen Ocean, diesmal endgiltig, verschlingen zu lassen. Und eine andere Wahl hat der große König nicht gehabt, wenn man das noch eine Wahl nennen kann. Dinge, wie die Theilung Polens, vollziehen sich unter dem Gesetz der unwiderstehlichen Naturgewalten, nicht dem Belieben der Diplomaten und Fürsten. Es ist für den denkenden und fühlenden Menschen, auch für den auf dem Throne, eine zweischneidige Gunst des Schicksals, wenn in einer geschichtlichen Entscheidungsstunde das Selbst= erhaltungsgesetz eines Volkes, eines Staates sich in seiner Entschließung verkörpert. Der in solchen Actionen zu ge=

winnende Ruhm wird theuer erkauft: aber er wird wenigstens den Maßstab der moralisch-entrüsteten Ameise zurückweisen dürfen, die mit dem Baumeister über ihre von seinen Fundamentgräbern zerstörte Wohnung hadert. Was uns an diesen Dingen betrachtenswerth scheint, das ist wahrlich nicht die bürgerliche Moralität Friedrichs oder Katharinas, sintemal es sehr gewiß ist, daß keine moralische Entrüstung uns oder sonst wen vor Polens Schicksal bewahren wird, der sich in Polens Lage befände. Viel nützlicher ist es, den Ursachen nachzudenken, die Polen in jene Lage gebracht haben: denn diese Ursachen sind ewig, wie Krankheit und Tod. Sie sind in diesem Augenblicke z. B. so eifrig als je an der Arbeit, uns, uns triumphirende und jubilirende Deutsche in die nämliche Straße einbiegen zu lassen: vorausgesetzt, daß wir gutmüthig oder unbelehrbar genug wären, Solches zu dulden.

„Die polnische Regierungsform trägt die Schuld". Das ist die am weitesten verbreitete Ansicht. Es ist viel Wahres daran. Die Polen fanden es unbequem, dem Gesetz zu gehorchen: so wurde ihnen von der Geschichte zuerst das Befehlen gelegt, und die Schule des Gehorsams, des unrühmlichen, härtern Gehorsams gegen die Willkür, blieb dann gleichfalls nicht aus. Diese Dinge sind klar und bekannt: merkwürdig aber und lehrreich ist es, welchen Weg ihre Entwickelung ging. Wir haben daran erinnert, wie auf der Vereinigung mit Littauen der ganze Bau der polnischen Macht sich erhob. Es ist jetzt hinzuzufügen, daß dieser nämliche, überwältigende Zuwachs von äußerer Kraft mit der Wendung zusammenfällt, in welcher der stolze Strom des polnischen Glücks die Richtung auf den noch fernen, aber dann nicht mehr vermeidlichen Abgrund nahm. Nicht umsonst haften die Erinnerungen der polnischen Patrioten mit besonderer Liebe an dem Namen ihres großen Kasimir, des „Bauernkönigs" († 1370). Ein wirklicher Herrscher, hat dieser letzte königliche Sproß der

Piasten im Sarmatenlande Recht und Ordnung geschützt, dem Willen und der Kraft seines Volkes den Weg gewiesen. Dreiundvierzig Jahre nach seinem Tode, als sich unter dem Littauer Jagello jene Adelsverbrüderung zu Horoblo (1413) vollzieht, treten uns schon ganz andere Zustände entgegen. Zum ersten Male handelt der vereinigte Adel in selbstherrlicher Kraft, als Verkörperung der Nationalmajestät. Unklar und noch die Befugnisse der neuen Körperschaft, unbestimmt die Grenzen ihrer Zusammensetzung und ihres Wirkens: um so stärker die Verlockung zu Uebergriffen, um so mehr erscheint sie als das naturwüchsige Erzeugniß dieses Bodens. Zuerst war die „Kanzlei", die Corporation der höchsten Beamten mit wachsendem Einfluß dem früher unbeschränkten Könige zur Seite getreten. Ueberall war sie in des Monarchen Gefolge; schon am Anfange des fünfzehnten Jahrhunderts gestaltete sich dieser Keim des späteren „Senats" zur Oligarchie; um ihn krystallisirte sich dann, bei mächtigen, aufregenden Fragen die Masse des Adels, zum Reichstage anschwellend: Keine Volksvertretung, vielmehr die tumultuarische Verkörperung der wehrhaften, zur Herrschaft anstrebenden Volksklasse selbst. Da vereinigten sich die Instincte der altslavischen Bauerndemokratie mit den Beispielen des feudalen Europas zur Erzeugung des Zerrbildes der Freiheit; ein herrschender Stand, nicht nur gewaltthätig nach oben und unten (das war auch anderswo schon oftmals vorhanden), sondern auch zügellos, unorganisch in sich. Daß man die Könige zur selben Zeit auch vertragsmäßig zu beschränken suchte, ist nicht polnisch, sondern mittelalterlich. Wie Deutschland seine Wahlcapitulationen, hatte Polen seit 1430 (als Jagello um die Nachfolge seines Sohnes Wladislaw verhandelte) seine Pacta conventa. Nirgends aber, auch bei uns nicht, haben diese Verträge in diesem Grade das Gepräge der scham- und maßlosesten Selbstsucht der Privilegirten getragen, wie bei diesen

Sarmaten. Schon die Jagellonen hatten trotz ihrer glänzenden Weltstellung schwer darunter zu leiden. Zwei Jahre nach dem Thorner Frieden (1468), im frischen Glanz des Erfolgs, sah sich Kasimir IV. zur ausdrücklichen Anerkennung der Adelshoheit genöthigt. Aus den Krongütern stellte Sigismund II. 1562 die südöstliche Grenzwache her und um die Wette drängte sich die reiche Aristokratie, die keinen Gulden dafür hergeben mochte, dann zu den Befehlshaberstellen. Das 1572 beginnende Wahlkönigthum läßt die letzten Dämme der Selbstsucht zusammenbrechen. Man erröthet für das „ritterliche", „freie" Volk, wenn man die Bedingungen liest, die es dem ersten Wahlkönige, Heinrich von Anjou, abpreßte: Auf seine Privatkosten soll der Franzose ihnen eine Ostseeflotte halten, sowie 4000 Gascogner zum Schutz gegen Rußland; dazu aus seiner Tasche die Reichsschulden zahlen. Auf dieser abschüssigen Bahn der rand- und bandlosen Selbstsucht ist es dann weiter gegangen, bis man, in grausamer unwillkürlicher Selbstkritik den gewählten Königen ausdrücklich das Abdanken verbot. (Wäre in Spanien und Griechenland, resp. Rumänien auch nächstens nöthig.) Vergeblich, daß einzelne Ehrenmänner, wie Stephan Bathory (1576—1587), Johann Kasimir (1648–1668), Johann Sobiesky (1674—1696) ihre Kraft und ihren guten Namen in diesen Hexensabbath einsetzten. Schon 1652 zieht die „polnische Freiheit" ihre letzte Consequenz, da der Littauer Siczynsky durch seinen willkürlichen, persönlichen Einspruch den Reichstag sprengt. Das „Liberum Veto", diese freche, barbarische Carricatur der römischen Tribunengewalt, wird bald zum gefeierten Palladium dieser „Verfassung". Das Schauspiel von 1652 wiederholt sich 1664, 1696. Im Jahr 1683 muß der von Frankreich für das Veto engagirte Landbote sich betrinken, damit unterdessen ein Beschluß des Reichstages zu Stande kommt. Unter August III. (1733—1763) wird in zwanzig Jahren ein einjiger Reichstag nicht gesprengt. Es kamen die Tage, da sich das europäische Urtheil über Polen in die Worte Friedrichs II. zusammenfaßte: „Die Polen sind eitel, stolz im Glück, kriechend im Unglück, zu Allem fähig für Geld, das sie nachher wegwerfen, frivol und bigott, ohne Urtheil, stets bereit, ohne Gründe eine Partei zu ergreifen oder zu verlassen, und sich durch die Folgewidrigkeit ihres Betragens in die übelsten Lagen zu stürzen. Die Weiber leiten die Intriguen und schalten über Alles, während die Männer sich betrinken". Man sah in der Mitte Europas ein ritterlich tapferes Volk, dessen Grenzen kein Mensch respectirte, ein gutmüthig=liebenswürdiges Volk, bei dem das Faustrecht kaum so schlimm wüthete, als die Corruption der Gerichte; ein beanlagtes, geistreiches Volk, in dessen Sitten raffinirtes Franzosenthum mit thierischer Rohheit sich paarte. Großmuth und gierige Käuflichkeit, Heldenkühnheit und Wehrlosigkeit, Edelmuth und grausame Rechtsverhöhnung gehen Hand in Hand. Der Prunkpalast mit seidenen Tapeten und — zerbrochenen Fensterscheiben und wüstem Garten neben der rauchigen Lehmhütte, der planlos verhauene Wald, der halb bestellte Acker, die von Löchern und Pfützen bedeckte Straße, über welche das prächtige Gespann oder der edle Renner des Eques Polonus an katzenähnlichen Ackergäulen vorüber jagt; das werden allmälig die landschaftlichen Attribute eines großen, von der Natur verschwenderisch ausgestatteten Reichs. Noch heute erkennt man in unserm polnischen Culmerlande die deutschen Ansiedelungen schon aus der Ferne an ihren Baumpflanzungen und Gärten. Man ritt, man spielte, man tanzte vortrefflich, man sprach französisch wie kein anderer Fremder, man trank galant aus dem Atlasschuh die Gesundheit der gefeierten Ballkönigin. Im Uebrigen betrank sich der Edelmann in Unger und der Bauer in Schnaps, und dann prügelten sich beide mit dem Werkzeug, das eben zur Hand war, ließen sich beide gleich wehrlos von dem Juden aussaugen, der ihnen die Mühe des Rechnens ersparte. Das Bild würde aber seines wesentlichsten, entscheidenden Zuges entbehren, würde unverständlich bleiben trotz Adelsprivilegien, Wahlkönigthum und Liberum Veto, wenn wir nicht hinzufügen müßten: Und man ließ sich, Vornehm und Gering, gleich sklavisch und bethört von Jesuiten gegen die Ketzer hetzen. Daß wir es kurz sagen: Auch Polen ist nicht natürlich, es ist an Vergiftung siech geworden, wie Spanien, wie die Czechen; an jenem Gifte, von dem sich Italien heute schwer und langsam erholt, an dem Frankreich dahin siecht, dessen unsere phlegmatisch-robuste Natur sich unter furchtbaren Schmerzen, und leider auch noch lange nicht vollständig, entledigt hat. Die slavische Grundanlage, die Ungunst der Zeiten, die Fehler der Politiker, und — um aufrichtig zu sprechen — auch die „guten Dienste" der theilnehmenden nachbarlichen Freunde, haben dem römischen Allerweltsgift in Polen leichteres Spiel gemacht. Aber der Krankheitsverlauf ist der allgemeine, und so lange die alte, ewig junge Giftmischerin noch am Krankenbette sitzt und in jeden Löffel Arznei ihre Würze thut, ist Genesung schwerlich zu hoffen.

Wie nicht verschwiegen und vergessen werden soll, hat Polen, und zwar früh, seine Periode geistiger Blüthe gehabt. Eilf Jahre bevor Carl IV. im Czechenlande die erste „deutsche" Hochschule aufthat, schon 1337, hatte der große Kasimir seine Akademie zu Krakau gegründet. Sie wurde die wahre „Alma mater", die pflegende, liebe Mutter aller polnischen Bildung. In die Reihen des Adels treten seit 1400 durch Jagellos Gunst ihre Graduirten. Zwei Jahrhunderte lang treten die Krakauer Doctoren aber auch ihren abendländischen Berufsgenossen ebenbürtig zur Seite. Lange vor Baco und La Ramée bezeichnete der Pole Gregor von Sanok die scholastische „Philosophie" als „Träume der Wachenden". Italienische Universitäten wählten polnische Rectoren, wie Skotnicky und

Zamoyski; das polnische Latein fand Gnade vor dem feinen, kritischen Ohre der Renaissance-Epoche, der Pole Hosius präsidirte in Trident und Copernicus, der Schüler des Krakauers Kruczewsky, führte, nächst Luther, gegen die Weltanschauung des Mittelalters den wirksamsten Streich. Auf solche Elemente konnte denn auch die geistige Erneuerung der benachbarten germanischen Welt nicht ohne Einfluß bleiben. Polen füllte sich frühzeitig, wie schon bemerkt, mit Bekennern freisinniger Auffassung der christlichen Lehre. Die gemäßigte Denkweise des ersten Sigismund (1506—1548) war nicht ohne Verdienst für jenen zukunftsschweren Staatsact von 1525, dem wir es verdanken, daß wir protestantische Preußen sind. Wie das „polnische Preußen" an diesem Vortheil theilnahm, wird später zu erwähnen sein. Und nicht nur die bevorzugten Städte, auch viele Schlösser des souveränen Sarmaten-Adels gewährten den Denkern der Zeit vollkommenen Schutz. Man ging in Polen selbst weiter, als in deutsch-protestantischen Landen. Nicht nur Lutheraner und Calvinisten: auch die eigentlichen Freidenker des 16. Jahrhunderts, die Socinianer waren willkommen, gründeten in Rakow (Rakau) eine weit berühmte Sammel- und Fortpflanzungsstätte ihres Gedankens. Noch spät, als die Jesuitenbarbarei schon in Deutschland wüthete, fanden die Verfolgten aus Böhmen und Mähren in Polen gastfreien Schutz. Amos-Comenius, der Schul-Reformator des 17. Jahrhunderts, hat in Rawicz seine pädagogischen Arbeiten begonnen, in Elbing an seinem Hauptwerk geschrieben. Und wie der deutsche Gedanke mächtig wurde unter den Sarmaten der Weichselebenen, schien auch das deutsche Rechtsleben, die deutsche wirthschaftliche Culturarbeit nach und nach Anerkennung und Eingang zu finden. Das Beispiel der preußischen Städte mit ihrer Industrie, ihrer bürgerlichen Wehrhaftigkeit, ihrem Handel, schien doch nicht gänzlich verloren. Die beiden letzten Jagellonen namentlich und dann auch der eble Stephan Bathory haben verschiedene Versuche gemacht, auch in Polen das Bürgerthum zu staatlicher Anerkennung und Einfluß zu bringen. Wenigstens die Hauptstädte, Warschau, Posen, Lemberg, Wilna, Krakau schienen zu politischer Geltung hindurch bringen zu wollen. Es hatte einen Augenblick den Anschein, als werde, nicht etwa eine Germanisirung des Landes, wohl aber eine Befruchtung und Vervollständigung der ritterlich=bäuerischen Sarmatencultur durch deutsche Einflüsse und Beispiele als beste Frucht aus dem langen, furchtbaren Racenkampf erwachsen.

Wie sind dann alle diese knospenden Blüthen so schnell, so unwiederbringlich wieder verwelkt?

Daß die polnische Bildung von Hause aus wesentlich eine katholische war, reicht als Erklärung nicht aus. Den Umstand theilt sie mit dem Geistesleben des ganzen Abendlandes und es hatte eine Zeit gegeben, da diese Form der christlichen Cultur das Polenthum gegen die Ostslaven mächtig in Vortheil setzte. Hat doch Rom, im Gegensatz von Constantinopel und Moskau, ein gewisses aristokratisches Geistesleben in dessen eigenthümlichen Grenzen, d. h. mit principieller Unterordnung des Gedankens unter das Machtinteresse, stets zu fördern gestrebt und gewußt. Ein besonderer Umstand aber gab der katholischen Kirche in Polen eine Macht, die sie in Deutschland niemals besessen hat: zu unserm Heil und unserer geistigen Errettung, so schwere Opfer unsere Politik darüber hat bringen müssen. Was hätte Luther, was hätte die deutsche Wissenschaft gegen eine nationale Organisation des Aberglaubens und der Geistesknechtschaft wohl ausrichten können! Welchen Stand hätten wir noch heute, mit aller unserer Bildung, unsern Schulen und Universitäten gegen das schwarze Heer, wenn der Unglücksstern Deutschlands dessen Führer über die Folgen einer Allianz mit Herrn v. Bismarck erleuchtete! In Polen aber, wie in Spanien und wie in dem

Frankreich der ersten Valois, war der Katholicismus von vorn herein **eminent national**. Der unversöhnliche Gegensatz zwischen Polen und Russen hat hier seine wahre Begründung. Wie der spanische Priester und der spanische Hidalgo in dem Mauren gleichzeitig den Feind des Glaubens und des Volkes bekämpften, so standen die polnische Geistlichkeit und der polnische Adel dem Russen in religiös=nationalem Fanatismus gegenüber. Wir sprachen oben von der merkwürdigen littauisch= polnischen Adelsverbrüderung zu Horoblo, 1413. Um sie richtig zu würdigen, muß hinzugefügt werden, daß sie aus= schließlich den **römisch=katholischen** Theil des littauischen Adels umfaßte. Was dort der griechischen Kirche anhing, blieb ausgeschlossen und rechtlos. Seit jener Zeit sind Polen= thum und Katholicismus zu völliger Identität des Bewußt= seins erwachsen und verwachsen. Ein Vertrag, wie das west= liche Preußen ihn noch zu Thorn mit dem mächtigen Nach= barn abschließen konnte, wäre anderthalb Jahrhunderte später, unter Druck und Gegendruck der Reformationszeit, kaum noch denkbar gewesen. Wohl schien, wie erwähnt, in der zweiten Hälfte des sechszehnten Jahrhunderts auch in Polen für einen Augenblick der alte Bann sich zu lösen. Es waren die schick= salsschweren Jahrzehnte, da bereits sieben Achtel der Deut= schen „los von Rom" waren, da der Neffe Karls V. auf dem Habsburgischen Thron es heimlich mit den Ketzern hielt, da in Frankreich Calvinisten und Römische den Einfluß theilten; es war die Pause der Sammlung und Rüstung, die dem großen Religionskrieg des siebzehnten Jahrhunderts voran ging. Wer aber begreifen will, wie es kam, daß dann so viel edle Hoffnung zu Schanden wurde, so viel Furcht der Geistes= feinde sich als grundlos erwies, den müssen wir eben auf die Geschichte des Jesuitismus verweisen. Aus dem innersten Wesen des romanischen Herrschaftsinstincts geboren, wuchs die jesuitische Hydra zwischen dem Augsburger Religionsfrie=

den und dem „großen Kriege" in den Jahren der Sicherheit zu dem vielköpfigen Ungethüm heran, mit dem die europäische Gesittung und Geistesfreiheit bis auf diese Stunde im nie ruhenden Kampfe sich abmüht. Frankreich wurde ihr erstes Opfer. In den Niederlanden führte der Kampf zur unversöhnlichen Scheidung zwischen Nord und Süd, zwischen Germanen und Romanen. Dann kam Deutschland an die Reihe. Es war die eigentliche, erste, große Entscheidungsschlacht des Riesenkampfes. Von vierzig Millionen Menschen, die auf dem Gebiet zwischen Vogesen und Oder ums Jahr 1618 lebten, waren dreißig Jahre später noch vier Millionen vorhanden. Aber nun war die Hälfte katholisch, die andere Hälfte, wenigstens für lange Zeit, innerlich gebrochen, in Elend, Haber und Unfreiheit verkommen: die Fürsten vereitelt, dem Gemeingefühl entfremdet, jeder Lockung des Auslandes zugänglich, die Geburtsstätte der im Gewissen gegründeten Geistesfreiheit ein Spott der Völker. Die Ehrenmänner, für deren System und geistigen Nachwuchs man heute im deutschen Reichstage unter der Fahne der „Freiheit" streitet, hatten ihr Werk an unsern Vätern gethan. Dann fand man denn auch Zeit, des fernen Ostens vorsorglich zu gedenken. Dort gab die eminent nationale Stellung des römischen Clerus bequeme Handhaben, die man in Deutschland nicht gehabt hatte und gelangte man leicht und vollständig zum Ziel. Im Jahre 1633, bei Wladislaus IV. Krönung, wird zum ersten Mal die Bestätigung der vielgerühmten polnischen „Religionsfreiheit" vermißt. Daß später Schweden und Brandenburg zu Oliva (1660) ihrer polnischen Glaubensgenossen schützend gedachten, brachte die Bewegung nur schneller in jesuitischen Fluß. Schon zwei Jahre später, 1662, führt der polnische Patriotismus, (wie jetzt der französische) öffentlich die Sprache der Kirche, der Glaubenseinheit. Als 1697 der Renegat August von Sachsen mit seiner deutschen Ehre und mit sauer erworbenem sächsischen Gelde den Schattenthron der Jagellonen erkauft, muß er schon den Mennoniten, Anabaptisten, Arianern, Socinianern ausdrücklich die Duldung versagen. Der erneute Schwedeneinfall Karls XII. gießt dann das erwünschte Oel in das glimmende Feuer. Während für das Abendland die Sonne der Aufklärung aufgeht, im Jahrhundert der Toleranz, der Wissenschaften, der humanen Dichtung, des Deismus und der Freimaurerei, beginnen für Polen die Bacchanalien des bildungsfeindlichen, gewaltthätigen Glaubenseifers, (die Siege der Windthorst'schen und Mallinckrodt'schen Freiheits=Apostel): das gräuliche Satyrspiel nach der großen Tragödie des siebzehnten Jahrhunderts. Im Jahr 1717 wird die Zerstörung der seit 1632 erbauten Dissidentenkirchen beschlossen, 1718 verlieren zu Grodno die nicht katholischen Landboten ihre politischen Rechte, 1733 werden die „Ketzer" im ganzen Polenlande für unfähig zu allen öffentlichen Aemtern und Würden erklärt. Was 1724 in Thorn geschah, davon ist später besonders zu reden. Fortan theilte der Jesuit und der von ihm geknechtete Clerus sich mit dem zuchtlosen Adel in den Ausrottungskrieg gegen die abendländische Bildung, lieferte den mächtigen, lauernden Nachbarn den stets bereiten Vorwand, ja oft nur zu bringenden Grund zum Eingreifen in diese faule Gährung einer von Hause aus schwachen, und nun gar noch vergifteten Cultur. Damals wurde polnisch in unsern Grenzlandschaften identisch mit „fanatisch katholisch", begann man die Deutschen schlechtweg „Lutheraner" zu nennen. Da wurde jenes Bündniß geschlossen, an dem alle Rettungsversuche gescheitert sind und scheitern werden. Nur schneller, aber im Wesen nicht anders, ist Polen den Weg gegangen, auf dem Spanien vor unsern Augen hinabgleitet, auf dem Frankreich, in der Verblendung des Zorns und des Hochmuths, ihm zu folgen sich anschickt, den Italien unter schweren Kämpfen wieder emporzuklimmen sich anschickt, dem Belgien verfallen sein dürfte, wenn der germanische Kern des Volkes sich nicht baldigst ermannt. Welchen Antheil unsere engere Heimath an diesen Dingen gehabt hat, in welchem Zustande sie dann der Schutzgeist unseres Volks, wie einen Brand aus dem Feuer, diesem Chaos entriß, mit welcher Arbeit und welchem Erfolge dann das alte, liebe Mutterland sein lange verlorenes Kind erst wirklich und von Rechtswegen wiedergewonnen, davon wird demnächst ein Wort gesagt werden müssen.

Zwei Beweggründe, wie wir sahen, hatten die preußischen Stände, Adel und Städte, an Polen gebracht: Allen gemeinsam, Edelleuten und Bürgern gleichmäßig, war der locale Unabhängigkeitsgeist, der in jenen Tagen die ganze germanische Welt durchzog, ihre großen Mittelpunkte von der Peripherie löste, in dieser letztern, in unzähligen kleinen Verbänden und Gemeinwesen, dafür ein unendlich reiches Leben entwickelte. Man wollte nicht dienen, nicht steuern, am wenigsten einem Landesherrn, der wie der Orden in Familie, Geschlechtsverbindungen, Sitte und nächsten Interessen der Beherrschten nicht wurzelte, und dessen Ansprüche in dem Maße zunahmen, als seine Macht und Mittel sich unzulänglich erwiesen, seine ursprünglichen Zwecke in Gegensatz traten zu den Lebensbedingungen des Landes selbst und zu denen der Nachbarn. Der Vertrag mit Polen giebt diesem Grundgedanken der Bewegung einen möglichst deutlichen Ausdruck. Ausgedehnteste Selbstverwaltung, eignes Gericht, Selbstbesteuerung (mit der man wahrlich sparsam zu sein gedachte), dabei aber mächtigen Schutz eines Großstaates und dadurch Befreiung von den drückenden Kriegskosten der Ordenszeit: das dachte man in erster Linie zu gewinnen durch die Loslösung vom Mutterlande und von dem, freilich längst völlig ohnmächtigen, Reiche deutscher Nation. Was die Schweiz errungen hatte, was Holland später werden sollte, das gedachte Preußen damals zu erreichen.

Ueber den Erfolg des Wagnisses hat die Geschichte ihr allbekanntes, von dem lebenden Geschlecht noch nicht vergessenes Urtheil gesprochen. Jene Kur auf Leben und Tod hat die Heilung nicht gebracht, die der Patient hoffte: aber der zähe Organismus unseres Ostseevolkes hat sich doch auch wieder stärker erwiesen, als die Gegner ihn schätzten, und schließlich hat sich die Vorsehung darein gelegt und uns in entscheidender Stunde vor dem Schicksal Esthlands und Livlands bewahrt. Wie aber die Sache verlief, das möchte in manchem Zuge für immer eines der lehrreichsten Capitel deutscher Geschichte bleiben.

Um „Freiheit" also hatte man in erster Linie gekämpft, um Freiheit vom staatlichen Zwang und, was die Hauptsache, von staatlichen Lasten. Nicht einen Herrn, sondern einen mächtigen, beschützenden Freund dachte man an dem Polenkönige zu haben. Wie hat Polen diesen Erwartungen entsprochen? Wie hat es den Vertrag mit Preußen gehalten?

Wir sprachen oben von jenem verhängnißvollen Doppelzuge der polnischen Geschichte: dem anarchischen, staatsfeindlichen Sinn der Einzelnen, verbunden mit religiös-nationaler Gesammtanmaßung nach Außen. Lehrreich ist es, wie diese noch heute die ganze polnische Agitation kennzeichnende Richtung in dem Verhältnisse zu Preußen, consequent wachsend, sich aussprach. — Wie bekannt, hat das so übermüthige, so herrschsüchtige Frankreich der Bourbonen einst den Elsässern ihre Sonderrechte, ihre Sprache und Verwaltung anderthalb Jahrhunderte lang im Wesentlichen gelassen. Erst die Revolution machte tabula rasa und trat alle „berechtigten Eigenthümlichkeiten" mit Füßen. Im polnischen Preußen, dem nicht eroberten, sondern freiwillig verbündeten Lande, begannen dagegen die Angriffe gegen die Garantien des Thorner Friedens um — 1467, ein Jahr nach der Vereinigung. Es wurde nach Baisens Tode kein Landstatthalter wieder ernannt,

in richtiger Würdigung der Bedeutung, welche der einheit=
lichen Vertretung einer so privilegirten und eigenthümlichen
Provinz nicht entgehen konnte. Mit den einzelnen Woywoden,
Bischöfen und Bürgermeistern dachte man schon leichter fertig
zu werden. Fünf Jahre später (1472) nahmen dann die
planmäßigen Operationen gegen die preußische Selbstständig=
keit durch Einberufung der preußischen Abgeordneten zum
polnischen Reichstage ihren Anfang, und, was bezeichnend
ist, nicht von herrschsüchtigen Königen gehen sie aus, vielmehr
lediglich von dem activen und mündigen Theile des polnischen
Volkes, von Adel und Geistlichkeit, die sich aber so herrsch=
süchtig nach Außen hin zeigen, wie ungebehrdig und dem
Gesetz widerstrebend im Innern. Nächst der eifrig er=
strebten Verschmelzung der Volksvertretungen galt es vor
Allem der Unterwerfung Preußens unter die polnischen Ober=
gerichte und der Einführung polnischen Adels in die Land=
schaftsverbände der preußischen Gutsbesitzer; und mit der
katholisch=jesuitischen Reaction kamen dann später, als stärkstes
Polonisirungs=Werkzeug, die Zwangs= und Schreckmittel der
Kirche hinzu. Es muß anerkannt werden, daß die Westpreußen
sich nicht ohne zähe Gegenwehr unterwarfen, und so lange
Städte und Adel zusammen standen, war dieser Widerstand
auch erfolgreich. Vergeblich verlangten die Polen 1472 den
Eintritt der preußischen Vertreter in ihren Reichstag. Die
Preußen verhandelten nur mit dem Könige, als ihrem frei
gewählten Schutzherrn: Reichstag und Reich gehe sie Nichts
an. Mit gleicher Festigkeit widerstand man 1509 der Wider=
holung des Angriffs. Aber nur zu bald wußte der Gegner
die schwache Stelle zu finden, wo der Keil sich in den Spalt
treiben ließ. Es geschah in Preußen, was sich später in
Böhmen und in den andern deutsch=slavischen Ländern Oester=
reichs sogar unter „deutscher" Regierung vollzog und vollzieht.
Ein nicht geringer Theil des deutschen Adels, (den ganzen

Stand anzuklagen wäre unwahr und ungerecht) zögerte nicht allzu lange, mit den Fremden auf Kosten der nationalen Interessen sich abzufinden, Standesbevorzugungen einzutauschen gegen Preisgeben der heimischen Sprache und Sitte, des heimischen Rechts. Früh schon beginnen die bürgerlichen Berichterstatter über diesen Abfall zu klagen. Er kam aber zum Massendurchbruch, als 1562 auf dem Reichstage zu Peterkau die lange vorbereiteten Pläne der polnischen Chauvinisten (man verzeihe den modernen Ausdruck) zur Entscheidung drängten. Characteristisch für den demagogisch=aristokratischen Grundzug der polnischen Verhältnisse war der Verlauf. Zwei Dinge galt es von den Preußen zu erzwingen. Ihre Landboten sollten mit den polnischen berathen und abstimmen und die für Polen schon 1504 beschlossene „Execution der Gesetze", d. h. Einziehung der entfremdeten Krongüter, sollte auch auf Preußen ihre Anwendung finden. Im ersteren Punkte war der polnische Adel einstimmig; im zweiten trennten sich naturgemäß die Magnaten von der „Schlachta". Jene fochten für ihre durch königliche Gunst und politischen Einfluß „erworbenen" Domänen, diesen lag es an möglichster Herstellung der ablichen Gleichheit. Man wird beinahe an die agrarischen Kämpfe des alten Rom erinnert, nur daß dem politischen Volke der Polen, der großen Adelsgemeinde des Reichs, der staatsmännisch = juristische Instinct der Cives Romani ganz und gar fehlte. Zu einer Entscheidung kam es nicht gleich beim ersten Anlauf, denn die Nachricht von der Einnahme von Polock an der Düna durch die Russen zersprengte den Reichstag. Aber das war nur ein kurzer Aufschub. Als 1568 der Reichstag zu Lublin zusammentrat, half keine Protestation, kein Anrufen des königlichen Schirmherrn mehr.

Die Polen machten es, wie jede einheitliche oder nach Einheit strebende Nation, die ein schwächeres Element sich angeschlossen hat. Das Machtinteresse des stärkeren Volks ging über das Staatsrecht hinweg, wie die steigende Fluth über den Damm: und wenn wir weit entfernt sind, deswegen über die Polen von 1568 uns in sittlicher Entrüstung zu ergehen, so können wir doch nicht umhin, die polnischen Rechtsschwärmer von heute an diese Dinge zu erinnern. Der Unterschied zwischen uns und ihren Vorfahren liegt nur darin, daß wir gegen ihre Sonder-Existenz, wo sie staatsgefährlich wird, mit den Mitteln der Cultur vorgehen, die dem Einzelnen durch Bildung und Rechtssicherheit ersetzt, was sie unter Umständen dem Ganzen nehmen muß: vor drei Jahrhunderten aber bedeutete der polnische nationale Staatsstreich von Lublin Nichts als social-religiösen Rückschritt, Verwilderung und muthwillige Bedrängung. Ob Deutsche unter polnisch-demokratischem Regiment heute besser fahren würden? Gott bewahre uns vor der Probe! Was wir aber heute in Galizien sehen und 1848 in Posen als Vorgeschmack empfanden, ist wenig ermuthigend für internationale Illusionen. — Zu Lublin war nun, wie gesagt, alle Vertheidigung vergeblich. Ein Machtspruch des Königs, am 16. März 1569, wies die preußischen Abgeordneten an, die Arbeiten des polnischen Reichstages zu theilen, dehnte die Giltigkeit der Reichstagsbeschlüsse auf alle Einwohner Preußens aus, machte die „Bundesgenossen" in bester Form zu Unterthanen des Reichs. Es war drei Jahre vor dem Ausgange der Jagellonen, als sich dieser parlamentarische Staatsstreich vollzog. Die dann, nach Sigismund Augusts Tode beginnende Zerrüttung des Reichs fand Westpreußen bereits seiner besten staatsrechtlichen Garantien beraubt und in den allgemeinen Verfall mit hineingerissen. In Masse ließ der preußische Landadel zu Lublin die Landessache im Stich, um sich für den Verlust seiner politischen Bedeutung durch Theilnahme an den polnischen Standesprivilegien entschädigen zu lassen. Es begann von da an, stärker und stärker anschwellend, jene polnische Invasion, mit deren

Nachwirkungen wir noch heute kämpfen, wenngleich sie vor der wirthschaftlichen Ueberlegenheit Deutschlands (noch mehr als vor der geistigen) Schritt um Schritt zurückweicht. Von 1580 ab bewilligte man den Polen nach 15jährigem Aufenthalt im Lande das preußische Indigenatsrecht; 1585 wurde, über das Sträuben der Städte hinweg, die Competenz des polnischen Obergerichtshofes zu Peterkau für die preußischen Lande förmlich anerkannt. Polnische Geistliche drängten sich mehr und mehr in die Pfründen, polnischer Adel bemächtigte sich der Woywodschaften, der Castellaneien, der Domänen, führte in seiner bekannten Weise, oft genug mit Faustschlägen und Säbelhieben, das große Wort auf den Landtagen, ging seinen preußischen Standesgenossen mit dem nur zu gelehrig nachgeahmten Beispiel der Rechtsverachtung voran. Den neuen Besitzern folgte allmälig ein Zuzug von Tagelöhnern und Bauern; die kleinen Landstädtchen, wehrlos wie sie waren, erlagen bald dem Einflusse der Geistlichkeit und des benachbarten Adels. Nicht wenig preußische Familien „schmückten" sich und ihre Besitzungen mit polnischen Namen, die sie zum Theil heute noch führen. Das Land begann nach und nach zu „verpolen", hat noch jetzt nicht vollständig wieder eingebracht, was im 17. und 18. Jahrhundert in Bezug auf deutsche Sprache, Sitte und — wirthschaftliche Tüchtigkeit verloren ging. Daß die Fackel der deutschen Cultur damals nicht vollständig erlosch, daß der große Friedrich zwei Jahrhunderte später nicht eine Leiche, sondern einen noch heilbaren Kranken vorfand, das haben wir lediglich unsern „großen Städten" zu verdanken, d. h. Danzig, Elbing, Thorn und Marienburg, und speciell dem ernsten Antheil, den diese an der großen Erneuerung des deutschen Wesens im sechszehnten Jahrhundert sich zu sichern nicht versäumten. Deutsches Bürgerthum, deutsche Betriebsamkeit und deutscher sittlicher und wissenschaftlicher Wahrheitssinn haben die Erhaltung und

Rettung dieses Landes, des wichtigen Verbindungsgliedes unserer nordöstlichen Grenzmarken, vorbereitet, ehe das Schwert und die Staatskunst der Hohenzollern sie endgiltig vollzog. Daran wird auch in diesen festlichen Tagen in aller Bescheidenheit zu erinnern erlaubt sein.

Wir haben früher nicht verhehlen gekonnt noch gewollt, mit welchem entscheidenden Antheil gerade diese Städte, vornehmlich Danzig und Thorn (nur Marienburg ausgenommen) die Losreißung vom Orden betrieben hatten. Danzig zumal hatte die Hauptverantwortlichkeit und die Hauptlast des dreizehnjährigen Krieges getragen. Die stolze Hansestadt und neben ihr Thorn und Elbing treten denn auch fortan als der eigentliche Kern des Landes in dem Maße mehr und mehr hervor, als der Adel, die kleinen Städte und das flache Land mitreißend, die vaterländische Sache aufgab. Große, fast souveräne Vorrechte hatten sie, zumal Danzig, zu bewahren gewußt. Wohl hatte auch die Weichselfestung ihren vom Könige eingesetzten „Castellan" (oder Burggrafen), wohl erhoben die Könige, allem Widerstreben zum Trotz, an der Weichselmündung ihre Zölle. Aber die ganze Verwaltung und Rechtspflege blieb in den Händen von Bürgerschaft und Rath; ein weites, einträgliches Landgebiet, durch den Krieg auf Kosten des Ordens vergrößert, gewährte den städtischen Finanzen eine feste Grundlage, das Münzregal gab dem Danziger Magistrat fast die Attribute eines souveränen Landesherrn, und, was der Schlußstein und die Hauptsache bei dem Allen: das Besatzungsrecht, das ausgedehnteste Recht der Selbstvertheidigung wurde gewahrt und aufs mannhafteste ausgeübt. Keine deutsche Stadt außer Lübeck hat es Danzig in alter oder neuer Zeit an Streitbarkeit gleich gethan. Von Macht zu Macht verhandelten die Danziger mit den Königen von Polen wie mit denen von Dänemark und Schweden, ja mit Rußland und England. Als Christian II. nach dem

Stockholmer Blutbad sich mit der Hansa überwarf, erklärte Danzig (mit Zustimmung Sigismund Augusts freilich, aber auf eigene Gefahr und mit eigenen Mitteln) an Dänemark den Krieg, sandte 1522 eine Flotte von 10 Orlogschiffen in See, übernahm im Jahre darauf, im Bunde mit Lübeck, fünf Eilftel der Kosten und die Stellung von 2000 Seeleuten ersten Ranges (lauter Deutschen, wie ausdrücklich bedungen ward) auf seinen Antheil. Den rühmlichen Frieden, der Schweden seine Selbstständigkeit gab, Christian II. zu Gunsten Friedrichs III. von Holstein beseitigte und die nordischen Reiche der Reformation öffnete, hat es mannhaft mitterkämpft: nicht zum Schaden seines Handels natürlich. Als 1562 Erich von Braunschweig mit zahlreichem, abenteuerndem Kriegsvolk durch Pommerellen heran zieht, um in Polen Sold oder Beute zu suchen, schließt ihm Danzig ohne Umstände die Thore und giebt seinem Widerstande durch ein Bürgerheer von 156 wohlgerüsteten Rotten (etwa 7000 Mann) den gehörigen Nachdruck. Später brach sich an Danzigs Wällen wiederholt die siegreiche Schwedenmacht. Weder vor Gustav Adolph noch vor Karl XII. haben sich die Thore der Weichselfestung geöffnet; und die glänzenden Waffenthaten der Belagerung von 1734 bildeten einen rühmlichen, kriegerischen Schlußact zur Geschichte der deutschen freien Städte, die seitdem ihre politische Existenz nicht mehr auf die eigenen Waffen, sondern auf die vis inertiae, die Beharrungskraft der Trägheit, und den wechselseitigen Neid ihrer starken Nachbarn gründen. Damals öffnete sich unter den Kanonen des Hagelsberges das weite „Russengrab" für Münnichs Grenadiere, schätzten noch bewährte Obersten und Generale es sich zur Ehre und zum Gewinn, die Danziger Feldbinde anzulegen, fochten die bewaffneten Bürger, zu Fuß und zu Pferd, neben dem geworbenen Kriegsvolk, wie die alten Hanseaten in den glorreichsten Tagen des Bundes. Dem gewählten und freiwillig anerkannten

Könige Stanislaus Lescynsky hielt man die deutsche sturmfeste Treue, und die Bedingungen der endlich unvermeidlichen Capitulation wahrten in vollem Maße die militärische Ehre und Sicherheit der Stadt, wie ihr politisches Recht. Solche Dinge konnten die Schwesterstädte Elbing und Thorn im Binnenlande mit ihren geringern Mitteln freilich nicht leisten. Nur zu oft mußten sie dulden, unterhandeln, nachgeben, während Danzig an's Schwert schlug. Wenn demnach auch dort, sowie in Marienburg, deutsche Bildung und Sprache, deutsche Sitte und deutsches Recht den entwickelungsfähigen Culturkeim für spätere, bessere Zeiten lebendig erhielt, so ist dafür in allererster Linie der großen, erlösenden Geistesthat des sächsischen Stammes, der Kirchenerneuerung des sechszehnten Jahrhunderts, die Ehre zu geben.

Die Reformation hat ohne Zweifel das alte „römische Reich deutscher Nation", morsch und baufällig wie sie es vorfand, vollends zersprengt. Das hat man ihr im schwarzen wie im rothen Lager oft genug auf die Rechnung gesetzt und sie wird die Schuld, wenn es eine ist, nicht abweisen können. Die letzte Möglichkeit, Deutschland, sowie Spanien und Frankreich, durch militärisch=theokratische Gewaltmittel in Unfreiheit zu einigen, war mit Moritz' von Sachsen glücklichem Handstreich vorüber. Es hat dann lange genug gedauert, bis das in den Trümmern keimende junge Leben in erfreulicher Fülle das neue deutsche Reich deutscher Nation an die Stelle des alten „römischen" Popanzes setzen konnte, und inzwischen sind wohl trübe Dämmerungsstunden gekommen, da auch dem Beherzten bange sein konnte und der Zweifel an unserer Zukunft verzeihlich war. Dennoch war das Pfand besserer Tage geborgen, sobald die Reformation ihre tödtliche Krisis überstanden hatte. Es ist nicht ein Wort zuviel gesagt, wenn wir ihrem stärkenden, reinigenden Einfluß auf den deutschen Charakter es zum weitaus größten Theil zuschreiben, daß deutsches Wesen in zeugungskräftiger Gesundheit überhaupt aus den politisch trostlosen Zuständen des sechszehnten und namentlich des siebzehnten Jahrhundert sich retten konnte. Still, unmerklich, wie eine wahre Naturgewalt hat sie in unserm preußischen Norden ihren Einzug gehalten. Wie eine tief innere Verwandtschaft mit dem altpreußischen, wohl kühlverständigen, aber, wir dürfen es wohl sagen, weder flachen noch gefühllosen Wesen scheint es unsere Väter überkommen zu haben, gleich in den ersten Jahren, da Luthers Ruf in die Weltweite hinaus klang. Schon aus dem Jahre 1518, dem zweiten der Reformation, wird uns aus Danzig von der öffentlichen Verheirathung eines Priesters, Jacob Knabe, des Predigers der Peterskirche, berichtet. Andere folgten in nächster Zeit; der Widerstand des aristokratischen Raths goß nur Oel in's Feuer, indem er demagogische Instincte, Mißtrauen und Neid gegen die Stadtoligarchie, Klagen über Bedrückungen oder vorenthaltene Vortheile der Reformbewegung als mächtige Triebkraft zur Verfügung stellte. Es fehlte nicht an drastischen Kundgebungen im Sinne der Zeit. Ein von Wittenberg zurückkehrender Lutheraner (Jacob Hegge, genannt Finkenblock) wurde unter dem Jubel des Volks mit Klosterfuhrwerk feierlich eingeholt. Ein andermal gestattete sich der erste Feuereifer des lutherisch gesinnten Volks eine Ausstellung des heiligen Nicolaus (in effigie) am Pranger. Der erste Gewaltschritt des Bischofs von Kujavien gegen einen ketzerischen Priester wurde durch Demonstrationen, die an Deutlichkeit Nichts zu wünschen übrig ließen, rückgängig gemacht; endlich, 1525, ein Vertrag mit dem Rath erzwungen, der bürgerliches und kirchliches Regiment gleichzeitig freisinnig umgestaltete. Daß Befreiung von allerlei Abgaben, Vogel- und Fischfang, bürgerliche Controlle des Stadtsäckels dabei neben dem Evangelium ihre Rolle spielten, darf nicht befremden. Der erste Frühlingstrieb der Reformation trat eben überall in dieser sinnlich=übersinnlichen Doppelform auf. Erst der Bauernkrieg trieb Luther und seine Partei in's Fahrwasser der Fürstengunst und der staatskirchlichen Rücksichten, und führte zu jener strengen Sonderung christlicher und bürger=licher Freiheit, an deren Consequenzen unser deutsches Staats=wesen bis heute noch krankt. — Selbstverständlich zuckte man in Polen, mit dem sichern Instinct der nationalen, selbstsüch=tigen Antipathie, bei dem Erscheinen des neuen Gegners zu=sammen. Wohl hatte man, unter dem Einflusse eines ge=mäßigten Königs und des Friedensbedürfnisses, 1525 in die Säcularisation des Ordens gewilligt. Auch wohl der Haß gegen den seit Jahrhunderten bekämpften Gegner hatte in Krakau die Einsicht nicht aufkommen lassen, daß man den Teufel durch Beelzebub austrieb, als man den protestantischen erblichen Herzog an die Stelle des Hochmeisters setzte. Jetzt, beim Eindringen der deutschen Bewegung in das eigene, nächste Herrschaftsgebiet hörte das Schwanken sofort auf; polnische und katholische Reaction geht in Westpreußen von Stunde an einträchtig zusammen, wie bekanntlich bis auf den heutigen Tag. Schon als Sigismund 1526 durch persön=liches Eingreifen die Danziger Wirren ordnet, ist es schwer zu entscheiden, ob ihm Herstellung der Kirchengewalt oder Minderung der Städtefreiheit mehr am Herzen liegt. Seine „Statuten" vom 8. Juli 1526, stellten nicht nur die Hierarchie und die aristokratische Gewalt des Raths wieder her, sondern gaben auch dem polnischen Burggrafen den Vortritt vor dem ersten Bürgermeister, sicherten den Polen die Zulassung zu den Gewerken der Stadt, machten den Rath nicht der Bür=gerschaft, sondern dem Könige, verantwortlich. Es war ein kritischer Augenblick in dem großen Völkerproceß unserer Ost=marken. Was sich auf dem platten Lande so trefflich bewährt hatte, die Ausbeutung der Standesselbstsucht für die Fremd=herrschaft, das wurde nun an dem Kern unseres deutschen

Elements in Anwendung gebracht. Gelang es, auch die Patricier der „großen Städte" mit ihrer Bildung, ihrem Reichthum, ihrem socialen Einfluß ernstlich für Polen zu gewinnen, so war das deutsche Wesen jenseits der Weichsel verurtheilt und verloren. Der Schlag ist, wie man weiß, abgewehrt worden, aber in allerletzter Linie, wenn überhaupt, durch bewußten deutschen Nationalsinn unserer städtischen großen Geschlechter. Von nationaler Leidenschaft, im guten wie im schlimmen Sinne, war man in Preußen so frei wie nur auf irgend einer andern Stelle des weiten, von deutsch redenden Menschen bewohnten Ländergebiets. Was den deutschen Widerstand unserer Städte gegen polnische Anmaßungen stärkte, war in erster Linie Handelsgeist, auch local=patriotische Beschränktheit und zu gutem Theil Standeshochmuth. Angesichts der lüderlichen polnischen Geldwirthschaft hielt der deutsche Bürger instinctiv die Taschen zu, die ganze ungestüme Anarchie der Adelswirthschaft war seiner Ordnungsliebe zuwider und imponirte ihm nicht. Während der Elsässer zu der gefälligen, weltbeherrschenden französischen Bildung und der alten materiellen Cultur der Romanen empor blickte, sah der Preuße auf die polnische Halbbarbarei bald genug mit dem Doppelbewußtsein des soliden Geldmenschen und des Gebildeten herab. Diese höhere Bildung aber sog ihre besten Kräfte aus der Reformation, der die Gemüther mit einer tief innerlichen, über alle Zufälligkeiten erhabenen Sympathie sich zuwandten. Kaum war der Schreck jenes ersten Rückschlages vorüber, so sehen wir die Gemüther aller städtischen Klassen, des gesammten Bürgerthums, in ruhiger, stetiger, unaufhaltsamer Bewegung der neuen Richtung sich wieder zuwenden. Die Klöster veröden, ohne Gewaltthat. An ihrer Stelle erheben sich Schulen, wie man sie in diesen Landen bis dahin nicht gesehen: mächtige Rüststätten der classisch=theologischen Bildung des jungen Protestantismus. Elbing, Culm, Thorn,

Marienburg, Graudenz, Conitz wetteifern, dem classischen Wissen freundliche Aufnahme zu bereiten. Vergeblich eröffnen die Bischöfe den Krieg gegen die Schule, die nicht länger leibeigene Magd ihrer Kirche sein mag. Seit 1544 sendet aus Ostpreußen die „Albertina", ein nicht mehr zu verlöschender Centralherd deutscher und evangelischer Bildung. ihre leuchtenden und erwärmenden Strahlen hinüber in das erwachende Schwesterland. Wenn das kleine Culm nicht im Stande ist, seinen gefeierten Schulreformator, den Königsberger Johann Hoppe gegen das Anbringen des Bischofs Lubobziewsky zu schützen (1554), so gewährt das stärkere Elbing, wo Gnapheus schon gewirkt hatte, dem Verfolgten Zuflucht und ein Arbeitsfeld: und vier Jahre später (1558) ruft derselbe Mann in Danzig, in den Räumen des verlassenen Franciskanerklosters, das noch heute blühende Danziger Gymnasium ins Leben. Von demagogischer Beimischung, von Zwist zwischen Bürgern und Rath ist diesmal Nichts mehr zu bemerken. Die Georg Kleefeld, Constantin Ferber, Augustin Wilmer, (Danzig hatte keine stolzeren Namen) sind die Mäcenaten der neuen Geistesburg. In stetiger Folge empfinden auch die Volksschulen der Stadt die Fürsorge der fortschreitenden Zeit. Die Johannisschule (1522), die von St. Peter (1564), die von St. Marien (1581), von St. Catharinen (1584) werden reorganisirt. In demselben Jahre gewinnt die Thorner, 1588 die Elbinger Gelehrtenschule ihre verbesserte Gestalt. So war man dann leidlich gerüstet, als später der Jesuitensturm, oder sagen wir lieber der Jesuiten-Mehlthau auch über unsere halb aufgegebene deutsche Culturinsel kam. Zwar die Landgemeinden waren großentheils nicht zu halten. Selbst Thorn mußte seine Pfarrkirche zu St. Johann herausgeben, Elbing, nach 24jährigem mannhaften Sträuben, die von St. Nikolaus. Auch in Danzig gewährte der Hader der evangelischen Bekenntnisse, das jammervolle Vorspiel der großen römischen Reaction, gewährte außerdem die alte Spannung zwischen Zünften und Geschlechtern dem Feinde nur zu willkommene Handhaben. Als der schwedische Renegat Sigismund Wasa 1593 in der Stadt weilte, führte gar der Uebermuth seines polnischen Gefolges einen Zusammenstoß mit dem streitbaren Danziger Handwerker-, Schiffer- und Arbeiter-Volk herbei, den man sich jesuitischer Seits nicht bequemer wünschen konnte. Die Geistlichkeit leistete das Mögliche in Verfolgungseifer, der preußische Adel an Servilismus, der polnische an nationalem Hochmuth. Man brachte die Aechtung Danzigs und der andern „großen Städte", zur Sprache, die Verschüttung des Danziger Hafens, die Rückgabe aller Kirchen an Rom. So weit kam es nun diesmal nicht, da Danzig mannhaft Front machte und seine Unschuld überzeugend darthat. Auch ein zweiter Jesuiten-Anlauf gegen die mächtige Stadt führte 1646 nicht zum Ziele. Danzig, militärisch und financiell in eigener Kraft ruhend, wußte sich den Erbfeind deutschen Wesens mit Güte und Gewalt vom Leibe zu halten, ward, zumal in den schlimmsten Jahrzehnten des großen deutschen Krieges, ein freundliches, unschätzbares Asyl für die aus der Heimath vertriebene deutsche Wissenschaft und Kunst. Auch in Elbing gewann das katholisch-polnische Wesen nie nachhaltig Eingang. Aber den schwächern Städten wurde es leider nicht ebenso gut. In dem Maße, als die polnische Anarchie im ganzen Reiche ihre Consequenzen zieht, schafft der Jesuitismus der ihm eigenthümlichen Auffassung von Freiheit und Recht auch in Preußen Geltung, bis dann die „Thorner Tragödie" des Jahres 1724 das eiternde Geschwür aufbrechen ließ und die wenigstens moralische Einmischung Europas herbeirief. Der Hergang der traurigen Geschichte ist nur zu bekannt: Erst Aufreizung der evangelischen Einwohnerschaft durch herausforderndes kirchliches Schaugepränge, bis Schuljungen-Excesse den Pöbel in Bewegung bringen und zu einiger Verwüstung des Jesuitencollegs führen: dann, in Benutzung des glücklichen Anlasses, tumultuarische gewaltsame Justiz, Hinrichtung des Bürgermeisters und mehrerer Rathsherren, Einziehung der Hauptkirche, brutale Terrorisirung der Protestanten. Daß man dennoch durch diese der Zeit ins Gesicht schlagende Gewaltthat nur erbittert, nicht sonderlich eingeschüchtert hatte, zeigte sich bald in der begeisterten Feier der Augsburgischen Confession (1730) und der Hilfsbereitschaft, mit der man die flüchtigen Salzburger überall aufnahm. Man mochte polnischer Seits in Warschau 1736 die Dissidenten ausdrücklich von allen Aemtern und politischen Rechten ausschließen, man mochte auf dem platten Lande und in den kleinen Städten das Verpolungs- und Verdummungs-Werk fortsetzen: die großen Mittelpunkte deutsch-preußischen Lebens, Danzig, Elbing, Thorn, Marienburg, wurden von diesen letzten Zuckungen der polnischen Jesuitenbarbarei nicht mehr ernstlich und entscheidend in Mitleidenschaft gezogen. Sie hielten sich deutsch und geistig lebendig für den Tag der Rückkehr ins Vaterhaus.

Und auch auf dem nächstwichtigen, dem wirthschaftlichen Gebiet, hat die zähe Natur unserer Volkskraft und die Schwäche des Gegners in jenen Jahrhunderten der Prüfung wenigstens das Aeußerste fern gehalten, wenn es auch im Grunde nur Danzig ganz allein war, dessen Berechnungen durch die Folgen des Abfalls nicht ganz und gar getäuscht worden sind. Die Geschichte des westpreußischen, speciell des Danziger Handels ist die Geschichte einer Reihe von unabläßigen Kämpfen gegen polnische fiscalische Gelüste, Privilegienbruch, Vergewaltigungsversuche; aber auf der andern Seite auch eine Geschichte der Ausbeutung eines weiten, wirthschaftlich unmündigen Hinterlandes durch überlegene kaufmännische Routine, Corporationsgeist und Capital unsers großen westpreußischen Seeplatzes. Die Kleinen gingen dabei zu Grunde, aber die Großen wurben noch größer: das ist so der Weltlauf. Die wirthschaftlichen Gegensätze der polnischen Welt, Reichthum bei übelm Haushalt und bedürfnißlose Armuth brangen auch auf Preußen herein: doch sie brachen sich zum Theil an der festgegliederten Gesellschaft der größern Städte. (Daß die polnische Leichtlebigkeit nicht ohne Einfluß auf die Sitte und Lebensweise blieb, ist, beiläufig gesagt, noch heute unschwer zu erkennen, wie Jeder wissen wird, der etwa Gelegenheit hatte, die mittelbeutsche Solibität und Einfachheit mit der westpreußischen und oberschlesischen Art zu vergleichen.) Daß man in Polen die zu Thorn 1466 zugesagte Handelsfreiheit nicht zu wörtlich nehmen mochte, ist im Grunde nicht zu verwundern; die Versuchung für das in finanzieller Barbarei sich durchkümmernde Sarmatenreich war eben zu groß. Der Streit um Hafen- und Weichselzölle und um Monopole begann fast unmittelbar nach dem Frieden, und hielt bis 1772 die Zähigkeit und die diplomatische Kunst der preußischen Städte in Athem. Nicht geringere Schädigung brachte die Mitleidenschaft des Landes in den langwierigen schwedischen und russischen Kriegen. Nur zu gern hielt man sich von beiden Seiten an die wohlhabenden Städte wegen der Zeche, und es war nicht ganz leicht, unter diesen endlosen Zuckungen eines zerfallenden Staatswesens sich seiner Haut zu wehren. Auch im Auslande fand man an Polen keinerlei Hilfe und Schutz gegen die Schädigungen, die man mit dem sinkenden Hansa-Bunde zu theilen hatte. Unter diesen Verhältnissen gingen die meisten kleinen Städte zu Grunde; wie hart selbst Elbing in seiner unglücklichen Territorial-Angelegenheit das quidquid delirant reges plectuntur Achivi („zahlen muß ja das Volk für jegliche Dummheit der Großen") empfinden mußte (und noch heute empfindet) ist ja nur zu bekannt. Man lernte nur zu gründlich kennen, was es bedeutet, einem Staat anzugehören, der seine Grenzen nicht zu schützen versteht. Dennoch darf auch die andere Seite dieser Verhältnisse hier nicht übergangen werden. Wer von dem heutigen Leben und Treiben Danzigs den Blick auf die Monumente der Stadt wendet, auf die Architectur des Rathhauses, des Zeughauses, auf die Trophäen und Reliquien des Artushofes, auf die stolzen Häuserfronten des Langenmarktes, der Langgasse, der Breitgasse und der andern aristokratischen Stadttheile, wer die mächtigen Bollwerke betrachtet, die einst Danzigs Bürger errichtet, die Modelle der Orlogschiffe, die sie bemannten, die Parks und Villen, mit denen sie ihre herrlichen Küstenhügel schmückten; wer in den Urkunden und Kupfern der Stadtbibliothek die Erinnerungen und Zeugnisse der großen und festlichen Tage des alten „freien" Danzig aufsucht: dem drängt sich trotz alledem und alledem die Ueberzeugung auf, daß Danzig nicht mehr ist, was es in polnischer Zeit einst war. Freilich liegt der Grund nahe: Danzig ist eben nicht mehr der privilegirte Hafen eines immerhin anarchisch verkommenden, aber von natürlicher Fruchtbarkeit überströmenden, leicht auszubeutenden Hinterlandes. Es genießt nicht mehr die halbbarbarischen Privilegien des Handels mit einem Volke von sorglosen, geschäftskundigen, bedürfnißreichen Edelleuten. Es muß der Concurrenz die Spitze bieten, wie jede andere Stadt. Und wenn viele der Ursachen geschwunden sind, die einst unsere Vorfahren in die Arme der Slaven trieben; eine derselben ist leider noch immer gleich mächtig: der Antagonismus zwischen der deutschen Küstencolonie und ihrem natürlichen slavischen Absatzgebiet. Was dieser schwer wiegende Umstand für unsere Gegenwart und eine vielleicht nicht mehr so ferne Zukunft zu bedeuten hat, davon wird noch zu sprechen sein. Hier möge nur diese Andeutung als Erklärung jener ziemlich „elsässischen" Stimmung genügen, in welcher das „nordische Venedig" vor achtundsiebzig Jahren die Rückkehr in's deutsche Vaterhaus — an sich vollziehen ließ. Man vertauschte den schwachen Herrn mit dem starken, das ist ja wahr. Aber man hatte sich ohne den schwachen so ziemlich zu helfen gewußt und sich seiner Uebergriffe leidlich erwehrt. Was der starke Herr bringen würde, welche Tage insonderheit bevorstanden, sobald nun doch einmal, früher oder später, der zu Thorn 1466 ausgetragene Racenkampf, vielleicht mit einem weit stärkern Gegner, sich erneuern sollte: darüber waren immerhin ernste Gedanken erlaubt. Es giebt eben scharf ausgeprägte Sonderlagen, welche Sondergefühle und Sonderinteressen erklären, wenn nicht rechtfertigen können. Für den deutschen Patrioten aber, oder auch nur für den culturfreundlichen Weltbürger, konnte freilich die eine, reiche blühende Stadt gegen das weite, heruntergekommene Land nicht in Betracht kommen, für welches G. Freytags furchtbar beredte Schilderung im vierten Bande der „Bilder aus der deutschen Vergangenheit" (p. 270 seq.) nur zu viel Wahres enthält. Das Recht machtlos, Verkehr und Gewerbe gelähmt, der Ackerbau im Verfall, überall Ruinen und Verkommenheit, das Land um 200 Jahre hinter dem westlichen Deutschland zurück geblieben: so kam Westpreußen durch die Theilung von 1772 an das Mutterland zurück, wie der verlorene Sohn von den Trägern. Und wenn der alte Fritz auch nicht gerade das gemästete Kalb schlachtete und die Nachbarn zum Festmahl lud (das war nicht seine Art), so hat er das wiedergewonnene Kind doch wacker „gekämmt und gebürstet", zur Arbeit und zur Schule gehalten und das Seine gethan, einst einen tüchtigen Mann aus ihm zu machen. Davon wird demnächst zu sprechen sein.

VI.

Wieder Daheim.

Daß es nicht unsere Absicht ist, die Theilung Polens zu einer moralischen Handlung zu stempeln, haben wir schon ausgesprochen. Wir halten es in dieser Frage wie in jeder andern mit aufrichtigem Freimuth, und würdigen vollkommen die Gefühle, mit welchen sich polnische Patrioten noch heute jener freundnachbarlichen Bemühungen um ihre „Verfassung", ihre „Freiheit" und ihr „Glück" erinnern. Wenn aber überhaupt eine Unterscheidung statthaft ist zwischen der Moralität des Staatsmannes (nämlich wo und insoweit er als Staatsmann, als Organ des nationalen Gesammtinteresses handelt) und der des Privatmannes, wenn für welthistorische Entscheidungen ein anderer Maßstab zulässig ist als für den Kampf des Einzelnen um die Fristung und den Schmuck seines Daseins, so sind wohl selten Eroberern so gewichtige Milderungsgründe zu Gute gekommen, wie den Lenkern der preußischen Angelegenheiten vom Jahre 1772. Unsere Feinde sind nicht müde geworden, uns zu unserer „Beschämung" den berühmten Brief Maria Theresia's an Kaunitz entgegen zu halten: „Bedenkh der Fürst, was wir aller Welt für ein Exempel geben, wenn wir um ein ellendes Stück von Polen oder von der

Moldau und Wallachey unser ehr und reputation in die
schanz schlagen. Ich merkh woll, daß ich allein bin und nit
mehr en vigueur, darum lasse ich die sachen, jedoch nit ohne
meinen größten Gram, ihren Weg gehen." Gleichwohl waren
es die österreichischen Uebergriffe im Zipser=Comitat, welche
die Theilung factisch eröffneten, waren es Oesterreichs maß=
lose Ansprüche, welche die friedliche Ordnung der ganzen
Frage am meisten erschwerten, und Oesterreichs eigenmächtiges
Weitergreifen nach erfolgter Theilung, welches unserer Re=
gierung für die nachträgliche Besetzung des Netzdistricts den
(immerhin willkommenen) Vorwand gab. Die politische Ver=
nunft aber, die verhältnißmäßige Mäßigung und die gebie=
terischsten Rücksichten auf die Vertheidigung und Förderung
des eigenen Landes waren in der ganzen Sache von vorne
herein auf Friedrichs Seite, gerade wie noch heute die preu=
ßische Regierung in ihrer ganzen Stellung zu der polnisch=
nationalen Propaganda sie getrost anrufen darf. Man ver=
setze sich in Friedrichs Lage: Als ausgeraubte Wüsteneien zu
gutem Theile hatte der Hubertsburger Friede ihm seine einst
blühenden Provinzen zurückgegeben. Die Sonne seines Welt=
ruhms glänzte über einem erschöpften Lande, einem fast auf=
geriebenen Heere, einem halb gebrochenen, durch das Ueber=
maß der erduldeten Qualen verbitterten Manne. Im Süden
und Norden erhob sich ein rivalisirendes Doppelgestirn jugend=
licher Herrscher, dessen aufsteigender Glanz in dem alternden
Helden ganz andere Gefühle erregen mußte, als die der
Sicherheit und des ruhigen Vertrauens. In Oesterreich er=
trug das geniale Ungestüm Josephs II. (er hatte 1765 die
deutsche Kaiserkrone empfangen) ungeduldig genug die Be=
vormundung seiner „Pädagogen", des Fürsten Kaunitz und
der alternden Maria Theresia. In Rußland schien Katha=
rina II. alle mächtigsten, reinen und unreinen Geister des
„philosophischen Jahrhunderts", neben der Naturkraft ihres

Barbarenvolks, zu unwiderstehlicher Machtwirkung um sich sammeln zu wollen! Friedrich kannte sie nur zu gut: hatte doch ihr Glücksstern aus seiner unmittelbarsten Nähe und nicht ohne seine Mitwirkung seinen Lauf begonnen. In ihren Händen hatte 1762, als sie über die Leiche ihres Gemahls hinweg den Thron bestieg, das Schicksal Preußens gelegen. Sie hatte damals ehrfurchtsvoll vor dem Freunde die Waffen gesenkt, dessen Gunst und Fürsprache das arme preußische Hoffräulein einst die Erhebung zur russischen Großfürstin verdankt hatte und von dessen fortdauernder, guter und redlicher Gesinnung die Correspondenz ihres Gemahls sie überzeugt hatte. Aber nur zu gründlich hatte Friedrich in den düstern Jahren von 1759 bis 1761, in den Prüfungstagen von Kunersdorf und Bunzelwitz die Ueberzeugung gewonnen, daß ein Kampf gegen Rußland und Oesterreich zugleich, für sein Preußen, für den zerstückelten, halb fertigen Staat von vier Millionen Einwohnern gleichbedeutend war mit einem Hazardspiel auf Leben und Tod. Sollte er, der schwerwunde, müde Kämpfer sich um der polnischen Republik willen der Gefahr aussetzen, jenes Spiel noch einmal zu beginnen oder das ganze Polen in die Hände der beiden ohnehin übermächtigen Nachbarn fallen zu lassen? Ist es zu tadeln, wenn seine Politik fortan durch den Gedanken geleitet ward, in Rußland eine Stütze, oder doch eine Flanken- oder Rückendeckung gegen die schwer beleidigten und unversöhnten Habsburger zu suchen? In der That nahm die preußische Staatsleitung unmittelbar nach dem Kriege diese Richtung, und sie ist ihr, bis auf vorübergehende und zur Wiederholung nicht gerade ermuthigende Schwankungen, bis heute treu geblieben. Was Graf Solms und Panin am 11. April 1764 vereinbarten, muthet unsere heutigen Vorstellungen von großstaatlicher Machtentfaltung fast kleinlich an: eine „gegenseitige Verbürgung des europäischen Besitzstandes" auf acht Jahre, deren thatsächliche Verpflichtungen sich für den Kriegsfall auf eine Hilfe von 12,000 Mann mit 2000 Pferden, resp. auf Zahlung von 400,000 Rubeln oder 480,000 Thalern beschränkte. Diese fast nur symbolische Verpflichtung bedeutete aber die Anerkennung gleicher Interessen zwischen den beiden zukunftsreichsten Regierungen des Continents und der geheime Zusatzartikel, welcher die „polnische Verfassung", d. h. die polnische Hilflosigkeit und Anarchie unter preußisch-russische Gewährleistung stellte, bezeichnete klar genug die Richtung, in welcher jene Gemeinsamkeit zunächst sich fühlbar machen sollte. Daß diese politische Ehe zwischen dem politisch-nationalen Kern der germanischen und dem der ostslavischen Welt ganz ausschließlich eine Verstandes- und Interessen-Ehe „auf Kündigung" war und ist, daß sie mit „Sympathien" und andern „Principien" als denen der Selbsterhaltung und des eigenen, handgreiflichen Vortheils Nichts zu thun hat, soll hier am wenigsten geleugnet werden, schafft aber die Thatsache nicht aus der Welt, daß Rußland der einzige Bundesgenosse war und ist, der sich, wenn auch gelegentlich hochfahrend und selbstsüchtig, doch nie geradezu verrätherisch und unzuverlässig gegen uns gezeigt hat. Die Waffenbrüderschaft von 1813 und 1814, von Groß-Görschen, Bautzen, der Katzbach, Leipzig, Craonne und Laon hat unser politisch-nationales Leben gerettet, dem damals Oesterreich und der Rheinbund ebenso feindlich waren als Frankreich; das freundnachbarliche Verhältniß von 1870 hat die Niederwerfung Frankreichs und die Gründung des deutschen National-Staates ermöglicht. Entfremdung von Rußland aber brachte uns 1805 das Elend des napoleonischen „Bündnisses", 1850 die Demüthigung von Olmütz. Mit Wiederherstellung unserer Beziehungen zu St. Petersburg hat Bismarck das Riesenwerk unserer politisch-nationalen Wiedergeburt begonnen, seine Haltung gegen den polnischen Aufstand von 1863 war die entscheidende Vorbedingung aller unserer

Triumphe und — von unserm, hoffentlich noch recht lange zu vermeidenden, dann aber wohl endgiltigen Bruche mit dem slavischen Weltreiche wird eine neue Periode der Weltgeschichte anheben, deren tragischer Anfang uns (oder sagen wir lieber unseren Nachkommen) viel gewisser sein wird, als das hoffentlich ruhmvolle Ende. Dann wird auch der Schicksalsknoten gelöst oder zerhauen werden, der sich 1772 zwischen uns knüpfte: die polnische Frage. Wie sie bei ihrem Auftauchen sich im Enzelnen stellte, wer das verhängnißvolle Wort der Theilung zuerst gesprochen, welches Ohr es gefällig aufnahm, darüber sind die Acten noch heute nicht geschlossen. Sicher stand die Sache aber so, daß auf andere Weise ein Krieg zwischen Rußland und Oesterreich, unter erzwungener Theilnahme des erschöpften Preußens, nicht wohl zu vermeiden war, und daß der Sieger dann unter allen Umständen das wehrlose Polen dazu nahm. So wählte Friedrich das geringere Uebel und wandte es mit der ganzen Kraft seines Genies und seines Charaktes sich und seinem Volk zum Heil. „Il semble qu'en Pologne il n' y a qu'à se baisser et en prendre", soll Katharina im Frühling 1770 dem Prinzen Heinrich gesagt haben, der den Gedanken dann begierig aufgriff und seinen anfangs mißtrauisch zögernden Bruder für denselben gewann. Jedenfalls that Polen nichts, um jenes Wort der Kaiserin Lügen zu strafen. Seit sechs Jahren (vom 25. Mai 1764 an) trug Katharinas Günstling, Stanislaus Poniatowsky, unter russischer, harter Vormundschaft die Krone der Jagellonen; seit vier Jahren verwüstete die von den Jesuiten beeinflußte Majorität des polnischen Adels, in selbstmörderischen Bacchanalien der Anarchie, die Provinzen des Landes, um — die von Preußen und Rußland geschützte Rechtsgleichheit der Dissidenten nicht aufkommen zu lassen. Es war die verstärkte Wiederholung des zwischen 1618 und 1648 in Deutschland aufgeführten Schauspiels.

Fanatische Pfaffen und zuchtlose Junker führten recht eigentlich den Leichenzug der polnischen Freiheit. „Die Jesuiten haben Polen nicht getheilt", meinte Graf Bninski neulich im Reichstage. Gewiß nicht, denn sie hatten es ganz und wollten es ganz behalten. Aber sie haben die Theilung zu einem Interesse der Cultur und Humanität gemacht. Seit dem Mai 1768 verheerten die Conföderirten von Bar, und wer immer in ihrem Namen an den Protestanten oder auch nur an seinen Privatfeinden sein Müthchen kühlen wollte, die ganze Weite des Landes; damals wurde speciell im Netzdistrict und in Pommerellen die letzte Hand an das Werk der Zerstörung gelegt, welches nachher das Staunen und Grauen der preußischen Beamten erregte. Seit 1769 und 1770 erfochten gleichzeitig russische Heere und Flotten in Bessarabien, Rumänien und im Archipel Sieg auf Sieg über die Türken. Die Bulletins von Choczim, Bender (1769) vom Pruth, Kagul, von Chios, Tschesme (1770) beschäftigten die öffentliche Meinung Europas. Da gab eine brutale, polnische Gewaltthat, die versuchte, dann schwach und wankelmüthig aufgegebene Entführung des Königs durch die Conföderirten (3. November 1771), den Anlaß und Vorwand zum endlichen Durchschneiden des Fadens, an dem das Damoklesschwert längst über Polen hing. Am 17. Februar 1772 vereinbaren Friedrich und Katharina den Theilungsact, am 4. März 1772 tritt das Anfangs gar nicht zu befriedigende Oesterreich bei. Der officielle Abschluß erfolgte am 5. August in Petersburg. Rußland nahm den Löwenantheil, Livland, Witepsk, Polock, Mscislaw, Minsk, 3500 Quadratmeilen. Oesterreich das Zipser-Comitat und Galizien, 2500 Quadratmeilen. Das kleine Preußen mußte sich mit der kleinsten Portion begnügen. Aber seine 631 Quadratmeilen verwüsteten Landes mit ihren 504,800 Einwohnern (noch nicht ein Drittel der heutigen Bevölkerung) schlossen seine größere, östliche Staatshälfte endlich zu einem

Ganzen zusammen, gaben ihm mit der Weichselmündung den Schlüssel des polnischen Handels, führten ihm ein Gebiet zu mit einer immer noch fast zur Hälfte deutschen Bevölkerung und voll von deutschen Bildungskeimen, die noch belebt werden konnten: eine wahre und ächte Ergänzung der nationalen Macht, die denn auch in ihrer ganzen Bedeutung äußerlich anerkannt wurde, indem der bisherige König in Preußen seit 1776 sich König von Preußen nannte. Polen wurde erst gefragt, als die Theilung vollzogen war. Am 13. September 1772 war die Occupation des Landes durchgeführt, am 27. huldigten die Stände zu Marienburg dem neuen Herrn. Aber erst am 18. September 1773 fügten sich in Warschau die Polen in das Unvermeidliche und der „Grenzvergleich" über die nachträglichen, des „Gleichgewichts mit Oesterreich wegen" vollzogenen Occupationen, kam erst am 22. August 1776 zu Stande. An der üblichen „Rechtfertigung" aller dieser Dinge, zu Nutzen und Frommen gut erzogener politischer Kinder, fehlte es nicht. Pommerellen „erbte" man als Rechtsnachfolger der Herzöge von Pommern, denen dieses Gebiet durch Polen nach dem Tode des letzten pommerellischen Herzogs Mestwin (1295) entzogen war. Die Weichselmündung hatte die pommerellische Abtei Oliva „ohne päpstliche Erlaubniß" an Danzig abgetreten. Das Ermland, die Woywodschaften Marienburg und Culm mit Michelau nahm man gewissermaßen als Verzugszinsen für den so lange entbehrten Besitz Pommerellens in Anspruch. Ueberflüssige Mühe! Die wahre wirkliche Rechtfertigungsschrift verfaßte der König selbst, und das seitdem verflossene Jahrhundert hat sie glänzend bestätigt. Wir sprechen von jener hingebenden, schöpferischen Fürsorge für das Gedeihen der neuen Provinz, deren Früchte wir heute genießen, und die unser Schicksal und unsere Herzen unlöslich mit der Monarchie und dem Fürstengeschlechte verknüpft, denen wir die Wiedervereinigung mit dem Mutterlande und —

man kann es ohne Uebertreibung sagen, mit der europäischen Civilisation verdanken. Jene Fürsorge in ihrer ganzen vielfältigen Mühsal vollständig zu würdigen, ginge weit über die Grenzen dieser Betrachtungen hinaus. Versuchen wir wenigstens ihrem Grundgedanken und Charakter gerecht zu werden.

Man hat Preußen bekanntlich (nicht gerade poetisch, aber verständlich) mit — einer wollenen Unterjacke verglichen, die anfangs kratzt und belästigt, bald aber sich warm, bequem und gesund erweist. Das Bild paßt auf die Einverleibung Westpreußens fast noch besser, als auf den Verlauf unserer neuesten Annexionen. Zunächst blieb vor hundert Jahren das „Kratzen" um so weniger aus, als der Patient sich etwas ungebehrdig erwies und seinem Pfleger den Dienst ziemlich sauer machte. Wie man in den preußischen Handelsstädten dachte, zeigten Danzig und Thorn durch ihre leidenschaftlichen (und bis 1793 auch erfolgreichen) Proteste gegen Preußen, zu Gunsten ihrer „geliebten polnischen Freiheit". Was wir zwischen 1866 und 1870 in Frankfurt und Hannover erlebt haben, ist eitel freundschaftliches Entgegenkommen im Vergleich mit der Haltung, namentlich Danzigs. Man fürchtete den preußischen Despotismus, den preußischen Corporalsstock, das preußische Schutzzollsystem und vor Allem — den Verlust des Monopols auf den polnischen Handel. Man begab sich unter russischen Schutz und ließ es im Verkehr mit preußischen Unterthanen und Behörden, so weit die Macht irgend reichte, an jener Leidenschaftlichkeit nicht fehlen, die das Sträuben gegen das Unvermeidliche oft zu kennzeichnen pflegt. Elbing, welches auf Kosten Danzigs zu gewinnen hoffte, zeigte sich freundlicher, noch mehr die kleinen Städte, welche der rettenden, schützenden Hand des Königs am meisten bedurften. Von Adel und Geistlichkeit, so weit sie polnisch und katholisch waren, also von der enormen Majorität, war aus nahe liegenden

Gründen kein preußischer Enthusiasmus zu erwarten, und das leibeigene Landvolk war viel zu tief in den Halbschlummer der Barbarei versunken, um der neuen Zeit mit Verständniß entgegen zu kommen: zumal der König, nach seiner bekannten Art, bei seinen Heilmitteln auf lieblichen Geschmack weit weniger sah, als auf solide, nachhaltige Wirkung. Es ist ebenso gewiß, daß Niemand gern Steuern zahlt, als daß reichliche und sichere Steuererträge der Lebenssaft der Verwaltung sind. Wie energisch Friedrich gleich nach dem siebenjährigen Kriege in den alten Provinzen in diesem Sinne verfuhr, das lebt in den Ueberlieferungen von seinen „Kaffeeriechern" und französischen Accisebeamten noch heute in der Volkserinnerung fort. Um wie viel weniger darf man erwarten, daß ein in Anarchie verwahrlostes Geschlecht, wie die westpreußische Bevölkerung von 1772, sich gern und willig der strengen, preußischen Ordnung, besonders in Bezug auf Accise und sonstige Steuern bequemte! Des Königs vielfache Klagen über unverhältnißmäßig geringe Erträge (ein stehender Artikel in seinen Cabinetsschreiben aus den Jahren 1773—1780) geben darüber zu denken. Kaum mehr Beifall bei vielen Betheiligten fand anfangs die energische Polizeiaufsicht über Vagabunden, Bettler, aber auch über Arbeiter und Handwerker jeder Art; von der Einführung des preußischen Kriegsdienstes in seiner ganzen furchtbaren damaligen Strenge gar nicht zu sprechen. Wenn Friedrich auf leicht erworbenen Dank und Anerkennung gerechnet hätte, er wäre bald hart genug enttäuscht worden. Wer Westpreußen kennt, zumal die halb slavische, halb deutsche Mischbevölkerung mancher Districte, selbst wie sie jetzt noch ist, der wird den König verstehen, wenn er (wie u. A. in dem Cabinetsschreiben vom 7. Juni 1776) über die unüberwindliche Trägheit und Halsstarrigkeit der arbeitenden Bevölkerung klagt, über ihre Schwerhörigkeit gegen Verbesserungen, ihr die anstelligen, fleißigen Schlesier als Muster gegenüber stellt. Um so bewunderungswürdiger ist die Ausdauer, die eingehende Liebe, die Vielseitigkeit seines Wirkens. Man glaubt einen feurigen, jungen Beamten, der Carriere machen will, bei der Arbeit zu sehen, nicht den ergrauten Helden-Märtyrer des siebenjährigen Krieges. Mit fester Hand werden unmittelbar nach der Besitznahme, noch vor der formell erfolgten Abtretung, die ersten Streiche gegen die beiden Hauptwurzeln der Uebel geführt. Schon am 2. März 1772 schreibt der König an seinen Kammerpräsidenten v. Domhardt: „Die geistlichen Güter lasse Ich in Administration nehmen und die jetzigen Inhaber in Gelde bezahlen, damit sie sich in weltlichen Sachen gar nicht zu meliren haben" — und ferner: „Die Unterthanen werden vor freie Leute declarirt und die Leibeigenschaft aufgehoben, auch dergestalt gesetzet, daß kein Bauer die Woche hindurch mehr als drei Tage Hofdienste thut". — Der eine Streich traf die Hierarchie, der andere die Willkürherrschaft des Adels auf den Kopf. Zur polnischen Zeit fand kein Unfreier vor Gericht Gehör, wenn nicht ein Edelmann seine Sache vertrat; sie hatten nicht die „facultas standi in judicio", wie die Formel lautete. Der Edelmann war gegen seine Hörigen Richter in eigener Sache bis zur Erkennung härtester Leibes- und Lebensstrafen. Seine Patrimonialrichter, wenn er sie überhaupt fragte, waren abhängige Werkzeuge. An Stelle dieser Zustände trat nun auf der Stelle und in vollem Umfange jene durchaus unabhängige, unparteiische, gründliche Rechtspflege, in welcher der Ruhm des fridericianischen Systems recht eigentlich gipfelt und, was nicht weniger wichtig, in den Landräthen, meist aus der Elite der verabschiedeten Offiziere genommen, traten dem selbstherrlichen polnischen Adel scharfe und unbestechliche Vertreter der Staatsautorität gegenüber. Die Geistlichkeit, in rein religiösen Dingen, in Predigt und Cultus unbehindert, wird durch Einziehung ihres Güterbesitzes (gegen Geldentschädigung), durch

Beschränkung des Klosterwesens, der Feiertage und Wall=
fahrten, volkswirthschaftlich unschädlich gemacht. Aber nicht
zufrieden damit, geht der König auf der Stelle daran, durch
das einzige auf die Länge durchgreifende Mittel die Emanci=
pirung der Massen von staats= und culturfeindlichen Einflüssen
vorzubereiten. Neben dem preußischen Unteroffiziere muß der
deutsche Schulmeister heran. Immer und immer wieder kommt
der berufene Hauptvertreter des „starren preußischen Mili=
tarismus" auf diese Hauptfrage zurück. Schon am 6. Juni
1772 schreibt der König an Domhardt: „Beiläufig gebe dem
Kammer=Präsidenten von Domhardt auch auf, daß um den
Gemeinen Mann um so eher von der polnischen Sklaverey
zurück zu bringen und zur Preußischen Landes=Arth anzufüh=
ren, derselbe zunächst dahin sehen und bedacht sein soll, daß,
so wie ehedem im Cottbus'schen und in Oberschlesien geschehen,
teutsche Schulmeister in denen Städten und auf denen Dör=
fern angesetzet, und die Einwohner mehr und mehr mit Teut=
schen meliret werden". Schon am 14. wird der Befehl wie=
berholt, dann vielfach erneuert, und drei Jahre später kann
der König an d'Alembert melden, daß er seinen westpreußi=
schen Jungen bereits 183 neue Schulmeister verschafft
hat. Ueber den Gehalt der letztern (60 Thaler jährlich
und Gartenland) wird man weniger erschrecken, wenn man
erwägt, daß ein Königlicher Kriegs= und Domänenrath (Re=
gierungsrath) damals 400 Thaler erhielt, und daß man mit
20,000 Thalern ein ganzes Landstädtchen aufbauen konnte,
(wie wenigstens der König an Domhardt schreibt, da er den
für die Erbauung des abgebrannten Gursno gemachten An=
schlag zu hoch findet). Auch die höhere Bildung ging bei
dieser Fürsorge nicht ganz leer aus. Das Jesuiten=Collegium
in Culm wurde am 1. Juni 1781 in ein königliches Gymnasium
verwandelt, und aus den Schutzgeldern der Mennoniten flossen
die Unterhaltungskosten des bald aufblühenden Cadettenhauses

zu Culm, einer wichtigen Pflanzschule preußischer Gesinnung und Tüchtigkeit unter dem theilweise aus der Art geschlagenen westpreußischen Adel. — Aber nicht nur an Religionsfreiheit und Rechtssicherheit, nicht nur an Unterricht und geistiger Bildung fehlte es dem zurückgewonnenen Lande. Die ganze Weite des bürgerlichen und ländlichen Lebens war Wüste und Trümmerstätte. Ackerbau, Handwerk, Verkehr lagen gleichmäßig danieder. Man hatte weder Maurer, Zimmerleute, Glaser, Schuster, Schneider, noch Apotheker, Aerzte und Hebammen, noch Oeconomen und Förster, noch Wege, Canäle und Posten. Einsame Vorwerke, ablige Güter, Dörfer und städtische Straßen lagen vielfach in Ruinen. Es mußte Alles, Alles was zu des Lebens Nothdurft gehört auf einmal bedacht, gefördert, gelehrt und gelernt werden, und auf diesem vielgestaltigen, unerschöpflichen volkswirthschaftlichen Gebiet hat denn auch die Thätigkeit des großen Königs recht eigentlich ihre Wunder gethan; freilich in der ihm eigenthümlichen, von unseren heutigen Anschauungen nicht selten abweichenden Weise. Man fühlt in seinen Maßregeln überall noch die patriarchalische, von seinem Vater ererbte Auffassung des Monarchen als eines großen Guts- und Hauswirthes durch. Es muthet uns seltsam an, wenn der Sieger so vieler Schlachten der Hauptträger der continentalen Politik specielle Anweisungen über Land- und Forstwirthschaft giebt, wenn er gegen zu dünnes Säen eifert, das Verbrennen des Heidekrauts, Gründüngung, Lupinen- und Turnipsbau anordnet, für die Forsten die Anzahl der Schläge bestimmt, (100 für Eichen, 40 für Fichten), russische Netze für die Fischer ankaufen läßt, über Nützlichkeit des Räucherns und Pöckelns der Fische belehrt, Maurer, Ziegelstreicher, Zimmerleute engagirt, und bei alledem um jeden Thaler mit seinen Beamten handelt und feilscht. Aber wenn seine Nachfolger sich jetzt in der günstigen Lage befinden, solche Dinge ihren Beamten und noch weit mehr dem

Volke selbst zu überlassen, so haben sie und wir das nicht zu geringem Theile ihm zu verdanken. Es war eine vollständige Robinsonarbeit, die der unsterbliche Mann (freilich von trefflichen durch seinen Scharfblick gewählten Beamten unterstützt) auf diesem tant bien quel mal zurückgewonnenen Stück deutscher Erde vollzog, und als solche muß sie gewürdigt werden. Und in welche großartige Freigebigkeit verkehrt sich gar die berufene Kargheit des Monarchen, sobald es um den Lieblingsgegenstand seiner Fürsorge, um Förderung des Binnenhandels durch Canäle sich handelt (ein Gebiet auf dem wir ihm so ziemlich Alles verdanken, was wir haben). Am 27. März 1772, noch vor Besetzung des Landes, machte ihn sein getreuer v. Brenkenhof, der Domhardt des Netzdistricts, auf die Möglichkeit einer Canalverbindung zwischen Oder und Weichsel aufmerksam. Schon zwei Tage darauf, am 29., erfolgte die warm zustimmende Antwort des Königs. Der Baumeister Jawein (aus Rügenwalde, der eigentliche geistige Vater des Unternehmens) muß sich alsbald an die Arbeit machen, und nach einem Jahre (1773) passiren die ersten Schiffe den Bromberger Canal, der freilich, ohne das Bauholz, 739,956 Thlr. gekostet hat statt der 231,180 Thlr., welche der erste Anschlag verlangte, und — einige tausend Menschenleben, Opfer des Fiebers, dazu. Es war fast eine russische Leistung, aber nicht für monarchische Größe und Pracht, sondern für bürgerliche, segenbringende Arbeit, und wenn der Erfolg Opfer kostete, so hatte der König doch Nichts versäumt, um deren Zahl und deren Leiden zu mindern. Daß der Straßenbau Friedrichs Vorliebe mit dem Canalbau nicht theilte, (er fürchtete von ihm nur Erleichterung feindlicher Märsche) ist bei dem Feldherrn nicht unbegreiflich, der sich auf einem Terrain von dreißig bis vierzig Meilen Jahre lang abgequält hatte, um die Vereinigung der Russen und Oesterreicher zu hindern. Seltsamer noch, als Ausflüsse seiner bekannten, heute überwundenen volkswirthschaftlichen Anschauungen, erscheinen gewisse Seiten seines directen, volkswirthschaftlichen Wirkens: die Beschränkung der Handwerker auf die Städte und die engherzige Auffassung des auswärtigen Handels als eines Mittels, den Geldreichthum des Landes zu mehren. Natürlich hatte sein Verhältniß zu Danzig unter diesen Anschauungen am meisten zu leiden. Des polnischen Handels wegen hatte die stolze Seestadt von Preußen Nichts wissen mögen: so sollte denn ein Differenzzoll bei Fordon (12 Procent gegen 2 Procent) den polnischen Weizen, das polnische Holz durch die Nogat und den 1783 vollendeten Kraffohl=Canal nach Elbing leiten. Die Danziger Vorstädte, im preußischen Besitz, füllten sich mit privilegirten Juden (für die der König sonst bekanntlich „nicht portirt" war), die Zollfreiheit der am 14. Oktober 1772 gegründeten Seehandelsgesellschaft ging dem Danziger Handel direct zu Leibe, die Feindseligkeiten und Chicanen vervielfältigten sich auf beiden Seiten, bis, am 5. April 1783, den Danziger Kaufherren der Zorn mit der Weisheit davonging. Sie weigern den preußischen Unterthanen die Fahrt auf der Weichsel, nehmen, als lebte man im tiefen Mittelalter, gar ein Stapelrecht, Ausladung und Feilbietung aller passirenden Waaren in Danzig in Anspruch. Natürlich mußten sie den Kürzern ziehen, da die gehoffte russische Hilfe ausblieb. Aber des Königs Verfahren hielt sich in den Grenzen gemäßigter und nicht feindseliger Anwendung seines einmal feststehenden Systems. Die Convention vom 22. Februar 1785 sicherte nur den preußischen Unterthanen den freien Verkehr, und wenn die Danziger gerade keine Ursache hatten, die königliche Antwort auf ihr Dankschreiben wegen Freigebung ihres Gebiets (am 22. Januar 1784) an den Spiegel zu stecken, so wurde doch auch die Zusicherung der Schlußworte redlich erfüllt: „Ihr könnt Euch auf mein königliches Wort verlassen, daß dieser Vergleich nicht allein heilig beobachtet werden soll, sondern daß ich mir auch äußerst werde angelegen sein lassen, den Wohlstand einer, mitten in meinen Staaten gelegenen Stadt bestens zu fördern, und zu zeigen, daß ich euch und eurer ganzen Stadt mit Huld und aufrichtigem Wohlwollen beigethan bin und verbleibe". — Als der König zwei Jahre später heim ging, bildete das alte Ordensland, von der Warthe bis zur Memel, wieder ein aufblühendes, deutsch regiertes und zu gutem Theil auch wieder deutsch empfindendes Culturgebiet. Die sieben Millionen außerordentlicher Zuschüsse, die unablässigen Bemühungen des Königs hatten reichliche und lebendige Früchte getragen. Die Städte waren aus ihren Ruinen erstanden, der westpreußische Bauer fing an, sich als Mensch zu fühlen, dem Edelmann war durch Zuwachs an Würde, Bildung und Wohlhabenheit reichlich ersetzt, was er an selbstherrlicher Ungebundenheit hatte daran geben müssen, die Geistlichkeit fühlte und achtete die Autorität des Staates, in Frieden wohnten Katholiken und Protestanten beisammen. Und wenn unter dieser rastlosen, ernsten Arbeit die schöne Marienburg das Dienstkleid der nüchternen Kaserne hatte anziehen müssen, wenn zahlreiche Genossinnen derselben, melancholische Zeugen vergangener Größe, als Heuböden, Magazine, Amts- und Zuchthäuser ein ähnliches Loos hatten, so mögen die mehr oder weniger romantischen Verächter des „Aufkläricht's" es dem großen Könige nur immer verzeihen, daß er eher für den Rock sorgte, als für die Tressen und die Manschetten. Er war ja bisweilen prosaisch nüchtern, der gewaltige Mann, trotz seiner Verse, und hart, trotz seiner Flöte und seiner philosophischen Ergüsse. Aber in dieser Nüchternheit waltete und webte die hehre Poesie der pflichtmäßigen That und des unbeugsamen Willens, und über diese Härte, die wohl hie und da den Einzelnen traf, ergoß sich der versöhnende Strahl der nie rastenden Liebe zum Volke. Es sind nachher noch schwere, harte Tage der Prüfung über unsere Ostmark, wie über das ganze Vaterland gekommen. Auch die Gefahren des zu leicht gewonnenen Glücks sind uns nicht immer erspart worden. Aber in diesem doppelten Feuer hat das Gold der fridericianischen Pflichttreue, rastlosen Thätigkeit und männlich freien Denkens bei uns, wie in den andern Theilen der Monarchie die Probe bestanden. Die Schlacken mußten heraus und herunter. Der Kern blieb gesund; und wenn wir heute nicht übermüthig und sorglos, aber in festem Vertrauen auf den Stern des Volkes und des Staates der Zukunft entgegen sehen, so steht es uns wohl an, der grundlegenden Arbeit jener unvergeßlichen Jahre in Ehrfurcht und Liebe zu gedenken. Nie war ein Denkmal saurer und rühmlicher verdient, als das, welches die Pietät der Westpreußen gegenwärtig an der erinnerungsreichen Stätte des alten Ordens-Haupthauses dem großen Könige zu errichten sich anschickt: Möge es, ein Palladium unserer Grenzmark, uns stets, wie heute, in innigster Fühlung und Wechselwirkung mit dem Mutterlande sehen, dessen Hand uns vor hundert Jahren zu neuem, nationalem und gesittetem Leben emporzog. Wir werden dieser Einigung zur Lösung unserer Culturaufgaben, vielleicht zur Ueberwindung von Gefahren, noch sehr nöthig bedürfen. Ueber diese Materien sei noch ein Schlußwort gestattet.

Wir sprachen von doppelten Prüfungen, die unser Grenzland seit der Rückkehr in die Heimath bestand: Prüfungen trügerischen Glücks und schwerer, andauernder Noth. Die ersteren brachten jene verhängnißvollen beiden Jahrzehnte, die dem Tode Friedrichs des Großen folgten. Was die erste Theilung Polens, soweit Preußen in Frage kommt, politisch rechtfertigt: schwere, bringende Noth der Zeit, durchschlagende Wichtigkeit, ja Nothwendigkeit des neuen Erwerbes für die Vollendung des unfertigen Staates, alte nationale Beziehungen: alle diese Erwägungen kommen der zweiten, oder gar der dritten Theilung Polens wenig oder gar nicht zu Gute. Polen machte 1791—1793 den ersten, ernstlichen Versuch innerer Erneuerung auf der Grundlage einer geordneten Regierung. Das preußische Cabinet hatte diesen Versuch ermuthigt. Daß dann unter Rußlands Einfluß ein völliger Umschlag erfolgte, daß man sich einen wenig rühmlichen Antheil an der schließlichen Vernichtung Polens aufdrängen ließ, um sich durch Neu-Ostpreußen und Südpreußen zu bereichern; alle diese Dinge hängen mit den trübsten Erinnerungen unserer Geschichte zusammen, mit dem Preisgeben der deutschen Westgrenze und der süddeutschen Bundesgenossen, mit dem Separatfrieden von Basel, mit den trostlosen Transactionen des Rastatter Congresses und Reichs-Haupt-Deputations-Schlusses. Während der nationale Geist des kommenden Jahrhunderts, mit den „philosophischen" Ideen des dahin schwindenden verbunden, in Frankreich die historischen Formen zerschmetternd durchbrach, feilschte und intriguirte man um deutsche und polnische Volks- und Landesbruchstücke, machte man princip- und voraussichtslos die Staatsformen des großen Friedrich zu Werkzeugen ganz materieller, kleinlicher Selbstsucht. Massen von ganz fremdartiger Natur wurden dem Staate angefügt, ohne daß dieser durch gesteigertes Kraftbewußtsein in der Lage war, sie zu verarbeiten. Ueber die neuen polnischen Provinzen breitete ein Beamtenthum sich aus, dem es vielfach an gutem Willen, ja Begeisterung und Intelligenz nicht fehlte, desto mehr aber nur zu oft an der festen, entsagenden Pflichttreue der fridericianischen Zeit. Daß man auf diese Weise den Polen nur mäßig imponirte, darf nicht Wunder nehmen. Dennoch schienen die augenblicklichen Erfolge zunächst das gewohnte Selbstvertrauen zu rechtfertigen, und speziell für die wirthschaftlichen Verhältnisse unseres Küstenlandes eröffneten sich Aussichten, die ihr Blendendes hatten. Während des Weltkrieges der großen Seemächte war Preußen seit 1795 neutral, in vollem Besitz des freien Verkehrs. In unsern Häfen verproviantirten sich zu gutem Theil die englischen Flotten; unserm überseeischen Import stand ein Hinterland offen, wie wir es noch niemals besessen. Man genoß in Preußen den voraus genommenen Lohn dessen, der, unangenehmen Pflichten sich entziehend, die Zukunft der Gegenwart opfert. Der Wohlstand nahm zu, das Wohlleben mit ihm; die Erinnerung an Friedrichs Größe, der Anblick dessen, was man noch „Friedrichs Heer" nannte, erzeugte das Gefühl der Sicherheit, so sehr die Ereignisse von 1792—94 an der französischen Grenze, die von 1793—1795 in Polen schon zum Nachdenken auffordern mochten. Und dabei nahmen die bessern Stände der Provinz an dem geistigen Aufschwunge des classischen Jahrzehnts ihren richtigen Antheil; versammelte sich doch gerade damals in Königsberg die Blüthe der deutschen Jugend zu Kant's Füßen, um aus der Quelle des freien, sittlichen Gedankens zu schöpfen. Es war Alles in Allem mit Nichten eine Periode des Verfalls, wie man wohl gesagt hat, in welche wir mit dem Mutterlande hinein trieben: wohl aber kam unserer an Wohlstand, Bildung und Lebensfreudigkeit mächtig wachsenden Gesellschaft der innige Zusammenhang mit dem Staate abhanden, und doch hatte sie noch nicht Zeit und Gelegenheit gehabt, die Organe zu schaffen, welche dessen nicht mehr zulängliche Wirkung vervollständigen konnten. Die Bureaukratie war intelligent, aber kritisch, ohne rechten Respect vor der obersten Leitung. Die Armee, in übel angebrachter Sparsamkeit meist abgebrauchten Führern anvertraut, ruhte auf Lorbeern, die sie selbst nicht einmal mehr erfochten. Die höhern Klassen und die führenden Spitzen des Mittelstandes lösten sich in der Treibhauswärme einer aristokratisch-idealisirenden Bildung von dem Durchschnittsbewußtsein des Volkes, die erwerbenden Classen behagten sich im Genusse eines Wohlstandes, den man doch nur ganz ausnahmsweisen unsichern Verhältnissen dankte. Da kam denn der Umschlag mit vernichtender Gewalt. Speciell für die Provinz brachte schon das Jahr 1805 das Vorspiel der Tragödie. Pilzenartig war unser Seehandel durch die Neutralität während des Weltkrieges gewachsen. Wie Herengold schwand er zu gutem Theile dahin, als Preußen sich von Napoleon Hannover schenken ließ, und England dafür unsere Schiffe nahm. Die preußische Rhederei hat den Schlag bis heute noch nicht vollständig verwunden. Dann kam der Umsturz von 1806. Er traf uns mit doppelter Wucht. Zwischen Franzosen und Russen eingeklemmt, hatte Altpreußen von December 1806 bis zum Juli 1807, und über den Friedensschluß hinaus, alle Lasten eines erbarmungslosen Requisitionskrieges zu tragen, (die Kriegsschulden von Königsberg, Danzig, Elbing bezeugen es noch heute) und gleichzeitig brauste der Polenaufstand aus Südpreußen und Neuostpreußen heran, den ganzen Organismus der Gesellschaft bedrohend. Unsere Zusammengehörigkeit mit Deutschland, erst seit einem Menschenalter neu begründet, wurde einer Probe unterworfen, vollauf so hart, wie unsere Vorfahren sie in den Tagen von Tannenberg und Marienburg erlebten. Daß und wie die Westpreußen von 1806 bis 1813 sie bestanden haben, wird Angesichts unseres Jubelfestes ja wohl ohne Unbescheidenheit mit Genugthuung gesagt werden dürfen. Nicht nur die gesammten Deutschen Westpreußens, auch die große Mehrzahl des polnischen Landvolks blieb den Lockungen der Landesfeinde vollkommen unzugänglich. Von rührenden Beweisen der Liebe und Anhänglichkeit wurde die flüchtende Königsfamilie empfangen. Jene unerhörten Capitulationen, der eigentliche dunkle Fleck von 1806, nahmen an der Weichsel ein Ende. Danzig, Graudenz, wie später Pillau, wetteiferten mit Colberg, Silberberg und mit den Resten der Armee, um aus dem all=

gemeinen Unglück die Ehre des Preußennamens zu retten. Bevölkerungen und Beamte traten dem siegreichen Feinde durchweg in fester, männlicher Haltung gegenüber; und diese Haltung blieb dieselbe, als später der Frieden neue härtere Opfer verlangte, als der Staat den Credit der Städte, die letzte Kraft des Gutsbesitzers in Anspruch nehmen mußte, um das Land zu befreien; als der russische Feldzug fünf Jahre später den letzten Tropfen auspreßte, als dann endlich der Frühling von 1813 zur Erlösung rief. Der Aufruf des Königs begegnete in Westpreußen keinem Unterschiede von den alten Stammländern der Monarchie. Bei Großbeeren, Dennewitz, Luckau, an der Katzbach, bei Wartenberg, Leipzig, unter den Wällen von Danzig haben die Westpreußen ihren Eintritt in die preußisch-deutsche Familie, zu gleichem Recht und gleicher Ehre, so vollwichtig gezahlt, wie ihre Enkel fünfundsechszig Jahre später vor Metz, bei St. Quentin, bei Dijon, Villersexel und Belfort. Wenn die Polen die Provinz reclamiren, so mögen sie erst einmal diese Namen aus unserer Geschichte und aus unsern Herzen verlöschen. Das alte ehrwürdige Danzig hatte den bittersten Kelch bis auf den letzten Tropfen zu leeren. Seine Rückkehr zum Vaterlande, nach der Trennung von 1807 bis 1814, ging durch die Schrecken der Schrecken, und nachdem der welsche Feind endlich gewichen, bedurfte die Befreiung aus den Umarmungen des russischen Freundes noch der ganzen Energie und Ausdauer der preußischen Führer.

Dann hat, mit dem Jahre 1815, für unsere Provinz eine neue Epoche begonnen, deren gerechte Auffassung die allerstärksten Ansprüche an den Beurtheiler macht. — Es ist eine, auch hier nicht zu verheimlichende Thatsache, daß die herzlichen Beziehungen zwischen der Staatsregierung und dem alten Preußenlande seither sich nicht in gleichmäßiger Stärke erhalten haben. Es sind Verstimmungen vorgekommen, die

Provinz hat sich vernachlässigt geglaubt, die Regierung hat über ungerechtfertigte Opposition geklagt. Es schienen sich für gewisse Momente fast jene Stimmungen für die ganze Provinz zu erneuern, die den Helden des siebenjährigen Krieges während des letzten Vierteljahrhunderts seiner Regierung von Königsberg fern hielten. In mehr als einer Beziehung fordern jene Jahre überhaupt zu einer Vergleichung mit dem entsprechenden letzten Regierungsabschnitt Friedrich Wilhelms III. heraus. Das eine wie das andere Mal hatte ruhmvolle, schwer erkaufte Rettung eine Periode verlustreicher Kämpfe gekrönt. Hier wie dort wurde fortan Erhaltung des Friedens, innere Herstellung des Landes das überall maßgebende Lebensziel eines alternden, schwer geprüften Monarchen. Friedrich Wilhelm III., wie Friedrich der Große, hatte gegen übermüthige Nachbarn die Interessen und die Sicherheit eines Staates zu wahren, dessen materielle Kräfte weitaus in keinem Verhältnisse standen zu seiner nationalen, historischen Aufgabe. In beiden Epochen wuchs unter der Hülle der alten Verhältnisse eine neue Zeit heran, mit weiter gehenden Bestrebungen und andern Anschauungen, zu denen der Staat früher oder später Stellung zu nehmen hatte und nahm. Aber wie verschieden hat diese Stellung des offiziellen Preußen sich zwischen 1763 und 1781, und zwischen 1815 und 1840 gestaltet: In den siebziger und achtziger Jahren durchzog der kosmopolitische Humanitätsgedanke die Gemüther vor der Revolution, wie ein erster, warmer Frühlingshauch den Aequinoctialstürmen vorangeht. Alles für das Volk, für die Menschheit! war der Ruf und der Gedanke der Staatsmänner wie der Schriftsteller; und wenn die erstern hinzufügten, „aber Nichts durch das Volk", so hatten die Philosophen einstweilen wenig dagegen. Gute Gesetze, gute Polizei, gute Beamte waren allmächtig, und der alte ruhmgekrönte Preußenkönig galt der öffentlichen Meinung als der verkörperte Genius des Jahrhunderts. So war denn auch Friedrichs Politik bis zuletzt, bei aller Vorsicht und Friedensliebe, durchaus nicht resignirend und kleinlich. Wenn er weit entfernt war, für Polen zum irrenden Ritter des Nationalitätsprinzips zu werden, so stieg er als hinfälliger Sechsundsechsziger noch einmal zu Pferde, um für die Zollern der Zukunft in Deutschland die Bahn frei zu halten. Damit blieb denn auch in den Preußen das Hochgefühl des Großstaatsbürgers lebendig, und gab den räumlich und politisch getrennten Provinzen geistigen Zusammenhalt, dem ganzen Leben, trotz aller Härten, Schwung und Würde. Von der Uebergangszeit, die zwischem dem Sturze des ersten Napoleon und der Gründung des preußisch-deutschen Nationalstaates liegt, läßt sich das bekanntlich nicht in diesem Umfange sagen. Die Erinnerungen an die Schmalz-sche Denunciation, an die Demagogenhetzen, an unsere Rolle auf den Congressen zu Troppau, Laibach, Verona, zu Carlsbad und in der Eschenheimer Gasse sind für „Jubiläums-betrachtungen" wenig geeignet. Das Preußen der Befreiungs-kriege wurde nun bald das Stichblatt aller liberalen Herzens-ergüsse, der Prügelknabe der freisinnigen Presse; und mochte dabei ein gutes Theil von „Zornliebe", von negativer Aner-kennung unsers hohen Berufs mit unterlaufen, es blieb für das Volksbewußtsein immerhin ein unliebsamer, verstimmen-der Eindruck zurück. Man hat von guter Seite her an die ungeheure Schwierigkeit unserer damaligen Lage erinnert; man hat entschuldigend die geräuschlose, bescheidene, aber darum nicht weniger segensreiche Thätigkeit erwähnt welche sich im Innern während unseres „russischen Vasallenthums" und unserer „Metternich'schen Schergendienste" gleichwohl vollzog. Gewiß sehr mit Recht. Der Wiener Congreß hatte uns eine Aufgabe gestellt, so schwer und scheinbar undankbar, wie nur traditionelles Mißtrauen und Neid sie dem Rivalen zurecht machen konnte. Nicht weniger als neun verschiedene

„Staaten" hatten die, sparsam genug zugemessene Entschädigung, für unsere Verluste hergeben müssen: Die Republik Danzig, das Großherzogthum Warschau, die Königreiche Sachsen und Westphalen, die Großherzogthümer Berg und Darmstadt, das Herzogthum Nassau, das Königreich Schweden, das Kaiserthum Frankreich. In zwei gänzlich getrennten Massen, mit weit gestreckten offenen Grenzen berührten diese künstlich zusammen gefügten Gebiete die drei großen Militärmonarchien Europa's. Ueberall im Innern hatte es die Regierung mit zähen Ueberlieferungen früherer Zustände zu thun, die sich gegen die moderne Staatseinheit sperrten. Wenige zurückgewonnene Gebiete abgerechnet (z. B. Halle, die Grafschaft Mark), war in den „neuen Provinzen" von preußischen Sympathien wenig zu spüren. In Naumburg trat man 1815 die preußischen Adler in den Koth; am Rhein sprach man, wie jeder Tourist weiß, noch bis zum Jahre 1864 von „den Preußen" (nämlich der Armee) in dritter Person, in Vorpommern mochte man die guten, bequemen Tage der Schwedenzeit nicht vergessen, in Posen speculirten die Polen auf den ritterlichen Kaiser Alexander, den restitutor Poloniae. Dazu überall schwere Kriegsschulden, Handel und Industrie erst durch die Continentalsperre, dann durch die chaotischen Grenzzollverhältnisse und das erdrückende Uebergewicht Englands ruinirt, eine allgemeine Entwerthung der Arbeit, der Producte, des Bodens, wie man sie seit Menschenaltern nicht erlebt. Selbst die Beamten Friedrichs des Großen hatten nach dem siebenjährigen Kriege und nach der Erwerbung Westpreußens so schwierige Aufgaben nicht zu lösen gehabt. Es galt die Finanzen zu ordnen und gleichzeitig nach zwei Seiten hin durch große Festungsbauten die Grenzen zu schützen, die Armee zu reorganisiren, in dem bunten Durcheinander der neuen Gebietstheile preußische Verwaltung und preußisches Recht zu begründen, ohne die Localinteressen zu schwer zu reizen, eine Industrie zu schaffen, überall nach den furchtbaren Erschütterungen des zwanzigjährigen Weltkrieges die ersten Grundbedingungen bürgerlichen Gedeihens zu sichern. Wie gewissenhaft, wie nachhaltig und im Ganzen geschickt diese Aufgaben gelöst worden sind, wird die Geschichte dem schlichten, ernsten Monarchen und seiner intelligenten, arbeitsamen Büreaukratie nicht vergessen dürfen. Während unsere „große Politik" (lucus a non lucendo) damals leider gegen die Anfänge der deutschen Nationalbewegung für Oesterreich Büttelbienste übernahm und auf den europäischen Congressen russische Protokolle unterschrieb, stellte im Innern die Valuta, der Credit sich her, wurden die Anfänge des Zollvereins dem Particularismus und dem Neide Oesterreichs abgerungen, entwickelte sich unsere Industrie am Rhein, in Westphalen, in Sachsen und Schlesien, gewann unser höheres Unterrichtswesen, unter Altensteins Auspicien, seine weithin leuchtende Weltbedeutung, wuchs in unserer wohlfeilen und vielbelachten Friedensarmee das Material für die großartigen Reorganisationen und Leistungen der jetzigen Heldenepoche heran. Die Adern des Nationalkörpers füllten sich wieder mit Blut, die Muskeln dehnten sich. Dem außerhalb der Büreaukratie stehenden Beobachter ward es aber nicht leicht gemacht, diese in der Stille sich vollziehenden guten Dinge unbefangen zu würdigen, und was uns Altpreußen, nicht mehr Ost- und Westpreußen, angeht, (die 1829 auch amtlich vollzogene Wiedervereinigung des alten Ordenslandes war nur die Anerkennung des thatsächlichen Verhältnisses), so hatten es unsere Väter in dieser Beziehung noch schwerer als die andern Unterthanen des Staates. Kein Billig-Denkender wird unsere Verwaltung verurtheilen dürfen, wenn sie die recht sehr beschränkten Kräfte des Staates in erster Linie den neuen Landestheilen zuwandte, deren Vertrauen erst noch zu gewinnen war. Was Schlesien, dann

Westpreußen für Friedrich den Großen, das waren in erhöhtem Maße Sachsen und die Rheinprovinz für Friedrich Wilhelm III. Da galt es, die Gemüther zu öffnen, Hilfsquellen zu erschließen, durch die festen Klammern der materiellen Interessen neuen und alten Besitz zu verbinden. Es war nur zu begreiflich, wenn darüber die Sorge für den fernen Nordosten anfänglich zurücktrat, zumal die bevorzugte Natur und Lage der westlichen Landestheile für jede Aufwendung weit reichlichern und sicheren Lohn in Aussicht stellte und gewährte. So bedeckten sich die Rheinprovinzen, Westphalen, Sachsen, Schlesien, die Mark nach und nach mit Kunststraßen, während man bei uns, nach der Väter Weise, sich abwechselnd durch Koth und Sand durcharbeitete. So entstanden dort in den dreißiger und vierziger Jahren Eisenbahnen, als bei uns kaum die nothwendigsten Chausseen nach und nach gebaut wurden; erhoben sich, vielfach mit Staatshilfe, Fabriken, zu deren Förderung wir noch obenein von unserer Armuth die Schutzzölle mit tragen mußten, nach dem Wort: „Wer da hat, dem wird gegeben ꝛc." Aber das war noch nicht das Schlimmste.

Die Tractate von 1815 hatten den ehemals polnischen Landestheilen den freien Verkehr unter einander versprochen. Es war das die Lebensbedingung für das wirthschaftliche Gedeihen des preußischen Küstenlandes, wie eine mehr als fünfhundertjährige Geschichte sie in Glück und Unglück dargelegt hatte. Aber wie ist jene Zusage gehalten worden!! Wir berühren hier den eigentlich wunden Fleck unserer neuesten provinziellen Geschichte. Aus dem zugesicherten freien Verkehr machte Rußland ein Absperrungssystem, wie es die Geschichte des gesammten Weltverkehrs kaum irgendwo härter und consequenter durchgeführt zeigt. Unter seinem Einfluß füllten sich unsere Grenzdistricte mit Schmugglerbanden, wahrlich nicht zum Vortheil der Moralität der Bewohner; unterdessen veröbeten allmälig unsere Häfen und Straßen; die

Reste der einheimischen Industrie gingen zu Grunde. Die Provinz, durch die große Handelskrisis der zwanziger Jahre, durch die englischen Getreidezölle, die Entwerthung des Bodens ohnehin schwerer als andere getroffen, wurde ernstlich wirthschaftlich krank. Jene Zeiten, da man bei uns ein großes Landgut in bitterm Scherz ein großes „Landübel" nannte, da man den Scheffel Hafer für 6—8 Sgr., den Scheffel Roggen für 12 bis 15 Sgr., das Pfund Rindfleisch für 1 Sgr. kaufte, da ein Beamter mit einem Gehalt von 400 bis 600 Thlr. überall ein beneidetes Mitglied der „Honoratiorengesellschaft" war, liegen kaum mehr als ein Menschenalter hinter uns, deren Klagen (denn geklagt muß ja nun einmal werden) in entgegengesetzter Richtung erklingen. Da war es denn kein Wunder, daß alte Wunden aufbrächen, alte Beschwerden sich verbitterten (wie z. B. der Elbinger Territorialstreit, traurigen Andenkens), daß auch die unabweisbaren neuen Zeitfragen hier früher und schärfer gestellt und beantwortet wurden, als in den besser situirten Theilen der Monarchie. Altpreußen (speciell aber Königsberg und Elbing) wurde für die conservative Bureaukratie die verhaßte „Quärulanten-Hecke", die Brutstätte der „liberalen Schreier"; sich selbst und den Liberalen im fernen Westen galt es dagegen als die geistig vorangeschrittene Heimath nicht nur der „reinen", sondern vornehmlich auch der „politischen" Vernunft. Wohl nicht zum Geringsten unter dem Eindruck seiner durch Einziehung des Territoriums, durch Kriegsschuld und Darniederliegen des Handels zerrütteten Finanzen wurde gerade Elbing 1837 zum Ritter an dem hannöverschen Verfassungsrecht und — zur Geburtsstätte des „beschränkten Unterthanenverstandes". Es war im Allgemeinen keine wohlige, gesunde Stimmung, in welcher die Provinz dem Wechsel der Dinge entgegensah, den der Volksinstinct sich von dem erwarteten Regierungswechsel versprach. So fiel denn auch die welthistorische Antrittsrede Friedrich Wilhelms IV. im Herbst 1840 auf nur zu fruchtbaren Boden. Mit den vier Fragen Jacoby's, den Volksversammlungen von Böttchershöfchen und Pillau, dem Vereinsleben von Königsberg und Elbing, dem Geplänkel der „Zwanzig-Bogen-Literatur", der Carricaturmalerei, der politisch-humoristischen Vorträge und Gedichte, der Leitartikel über „innere Zustände" trat die Provinz für einige Jahre in die Vorderreihen einer oppositionellen Bewegung, deren historische Berechtigung und Unvermeidlichkeit man nicht zu leugnen braucht, wenn man gleichwohl die Trübung und Verstörung beklagt, mit der sie unsere Verhältnisse für geraume Zeit heimgesucht hat. Die Lösung der nur zu lange hintangehaltenen Verfassungsfrage wurde nur zu natürlich da am leidenschaftlichsten gefordert, wo man die Unfertigkeit unseres staatlichen Lebens auch in den materiellen Zuständen am schärfsten empfand. Ein gewisser doctrinärer Zug, den die Bewegung bei uns annahm, hing nicht nur mit der kritisch-abstracten Grundrichtung des altpreußischen Geistes zusammen, sondern auch wohl mit unserer Entfernung von dem großen Getriebe des modernen wirthschaftlichen Lebens. Die Provinz, ohne einen Augenblick innerlich in ihrer Treue zu wanken (das darf selbst von den Trägern der extremsten Kundgebungen kühnlich behauptet werden), fühlte sich gewissermaßen als Stiefkind behandelt, und legte die Aeußerungen ihrer Verstimmung um so weniger auf die Goldwage, je fester sie sich ein für allemal als Familienglied fühlte. Ihren Höhepunkt erreichte diese Bewegung, als unsere liberalen Abgeordneten auf dem ersten allgemeinen Landtage (1847) auf die lange ersehnte Eisenbahn verzichteten, um durch Bewilligung einer Anleihe ohne Reichsstände, dem Rechtsanspruch des Landes nichts zu vergeben. Wie wenig eigentlich revolutionäre Elemente das alte Preußenland bei dem Allen aber enthielt, das zeigte Jedem, der sehen wollte, die große Probe des „Völkerfrühlings" 1848. Weniger als irgendwo sonst im weiten Deutschland (vielleicht Pommern ausgenommen) wurde die öffentliche Ordnung in Ost= und Westpreußen gestört, und was ja an Ausbrüchen vorkam, das war ohne Ausnahme — der reactionären Agitation gegen den freisinnigen Mittelstand zu verdanken. Wie dieser letztere mit Enthusiasmus die Hoffnungen und Verheißungen des nationalen Rechtsstaates erfaßte, so hielt er durchweg uner= schütterlich fest an Recht, Sitte und Gesetz, und in muster= hafter Weise erwiesen sich gerade die freisinnigen Städte als feste Grundpfeiler loyaler Selbstverwaltung. Vor den anar= chischen Elementen, die im Westen schon hie und da, Vor= läufer von 1871, den Boden erzittern machten, hatte uns vielleicht gerade die lange wirthschaftliche Isolirung bewahrt. Auch das Aufzucken des polnischen Geistes griff von Posen aus kaum hie und da nach Westpreußen hinüber. Die Provinz erwies sich von den poetischen Polen=Sympathien der dreißiger Jahre gründlich geheilt. Daß uns nachher dies Alles vor der reactionären Sündfluth der fünfziger Jahre mit Nichten geschützt hat, ja, daß diese bei uns länger stagnirte und höher stieg als irgendwo sonst: sollen wir uns durch diese Erinnerung heute die Feststimmung trüben? Wir denken nicht. Leise und allmählich erst, aber in stetiger Bewegung haben sich während der letzten beiden Jahrzehnte die heilenden und versöhnenden Kräfte in der Tiefe geregt, ehe der glorreiche Aufschwung von 1866 und 1870 sie auch bei uns zum Durchbruche brachte. Unsere Vertreter stehen heute zum größten Theile in den Vor= derreihen der nationalen Partei und führen damit den Be= weis, daß ihre Opposition nicht dem Haß und der Untreue, sondern aufrichtiger, patriotischer Besorgniß entsprang. Wenn der Geistesdruck des Raumer=Mühler'schen Systems uns viel= leicht vor Andern mit absichtlicher Härte traf, so hat er sich doch nicht ausreichend erwiesen, die ruhmvollen Ueber=

lieferungen unseres Bildungsstrebens zu überwinden. Der gebildete Mittelstand, die größern Städte zum Wenigsten, sind in der Sorge für den höhern Unterricht keinen Augenblick ermattet. Unsere Gymnasien und Realschulen stehen denen der reichsten und begünstigtsten Provinzen in Bezug auf Zahl, Frequenz, Ausstattung und innere Tüchtigkeit mindestens ebenbürtig zur Seite. Sie werden der hoffentlich nicht mehr lange ausstehenden einheitlich-nationalen Organisation unserer höhern Erziehung ein schönes Capital von Kräften als Einlage bringen. Wenn sich von unserem Volksschulwesen, die größeren Städte abgerechnet, so Erfreuliches leider nicht melden läßt, vielmehr schwerste Mißstände der Regulativ-Wirthschaft constatirt werden müssen, so leben wir doch seit einigen Monaten in der frohen Hoffnung auf das endliche Eingreifen einer rettenden Hand. Der siegreiche deutsche National-Staat ist in der Fülle seiner Triumphe von der Schlange angezischt worden, die er, zu vertrauensvoll, lange an seinem Busen wärmte. Wird er noch lange zögern dürfen, ihr den Kopf zu zertreten? Mit Genugthuung nennt unsere Provinz auch diesmal mehrere ihrer Söhne unter den Vorkämpfern der freiheitlichen Bewegung. Auf unserm Boden zuerst hat der Zusammenstoß zwischen Deutschland und Rom die acute Form angenommen, welche längeres Schonen unthunlich machte. So Gott will, liegt darin für uns die Verheißung, daß wir auch als Mithelfer und Theilnehmer am Siege der guten Sache in der Vorderreihe stehen werden. — Und, last, not least, auch die schwerwiegende wirthschaftliche Zukunftsfrage unseres Ostens ist, wenn nicht gelöst, so doch nicht mehr ohne alle Aussicht auf eine vernünftigen Erwartungen entsprechende Lösung. „Helft euch selbst!" hat man uns wohl achselzuckend entgegnet, wenn wir unter dem Drucke schwerer Verhältnisse uns je zuweilen vielleicht etwas ungebehrdig beklagten. Das Wort war nicht so hart gemeint, als es klang. Es hat das gesammte Deutschland nicht abgehalten, vor fünf Jahren mit unvergeßlicher Liebe und Freigebigkeit zu uns zu stehen, als die Ungunst der Elemente uns mit besonderer Schwere traf. Es hat auch die Hand der Regierung nicht verschlossen, sobald die Erfolge des Staats die Mittel zur Hülfe darboten. Freilich war jener Rath auch nicht so nöthig, wie Mancher glaubte, oder er fiel doch wenigstens auf nicht unfruchtbaren Boden. An die Wurzel des Uebels die Axt zu legen, das will sagen, die vertragswidrig geschlossene Ostgrenze zu öffnen, das freilich lag bisher selbstverständlich außer der Macht. Es wäre vergeblich und thöricht, mit der Regierung darüber zu hadern, daß sie die Handelspolitik eines Weltreichs von mehr als 70 Millionen Einwohnern nicht nach unsern Interessen umbiegen kann. Im Jahre 1831 hat es nicht nur im unbetheiligt zuschauenden Westen, sondern auch bei uns nicht an warmen Sympathien für Polen gefehlt. Man hat es der Regierung Friedrich Wilhelm III. schwer verdacht, daß sie den Aufstand nicht unterstützt, „um altes Unrecht zu sühnen", der „Freiheit und der Civilisation" an der mittlern Weichsel eine Stätte zu gründen, ein befreundetes Heldenvolk zwischen uns und Rußland einzuschieben und endlich, endlich unsern Verkehr von dem lähmenden Bann zu befreien. Zu noch lichtern Flammen schlugen diese Sympathien empor, als die Einverleibung Krakaus durch Oesterreich den schlesischen Handel empfindlich getroffen hatte, und als dann das siegreiche „Berliner Volk" den biedern Mieroslawsky mit seinen Gefährten im Triumph dem Gefängniß entführte. Damals haben wir dann in Posen die ersten gründlichen Proben der „polnischen Freundschaft" und des „polnischen Dankes" erlebt, und was wir seitdem 1863, 1870 und bis auf den heutigen Tag nach dieser Richtung hin gesehen und erfahren haben in der Haltung der polnischen Propaganda, der polnischen Geistlichkeit, der pol-

nischen Volksvertreter, ist wohl geeignet gewesen, heilsame
Belehrung über das Thema „Ideal und Leben" zu ertheilen.
Nur unverbesserliche Phantasten können polnische Sympathien,
polnische Bundesfreundschaft vom deutsch-preußischen Stand=
punkte aus heute noch in Rechnung bringen, und wir sind in
der Lage, die geographisch-politischen Verhältnisse unseres
Küstenstreifens ein für allemal als gegebene hinzunehmen,
für ihre Uebelstände aber nicht durch halsbrechende politische
Abenteuer, Revolutionen und Kriege, sondern durch praktische,
bereite Mittel Abhilfe zu suchen. Und auf diesem Wege, (das
wird am Beginn des zweiten preußisch-deutschen Jahrhunderts
unserer Geschichte ohne Schönfärberei gesagt werden dürfen)
hat das letzte Jahrzehnt Volk und Regierung einig am Werk
gefunden. Das weite, natürliche Hinterland, aus welchem
unsere Ströme kommen, ist unserm Gewerbfleiß versagt und
kein Preuße wird den Gedanken aufkommen lassen, seine Er=
schließung, wie vor vier Jahrhunderten, mit Loslösung von
der nationalen Volks- und Bildungsgemeinschaft erkaufen zu
wollen. Wohl! So galt und gilt es denn, uns ein künstliches
Verkehrsgebiet zu schaffen, den weit vorgeschobenen, nordöst=
lichen Vorposten mit eisernen Schienen an das Mutterland
unzerreißbar zu fesseln. Die Ostbahn, die Bahn Thorn=
Insterburg-Tilsit-(Memel), die Bahn Stettin-Danzig haben
die Aufgabe theils gelöst, theils sind sie im Zuge, es zu voll=
bringen. Die Entfernung unserer Grenze vom Mittelpunkt
der Monarchie hat sich von 10 Tagen auf soviel Stunden
zusammen gezogen. Die inneren Communikationen, immer=
hin noch weit zurückstehend hinter denen des glücklicheren
Westens, sind in rapidem Zunehmen begriffen. Der ober=
ländische Canal, der neue Weichselcanal sind im Betrieb.
Das Dampfschiff kämpft neben der Locomotive gegen die
tödtliche Isolirung unseres Lebens. Wie hohnlachten 1829
die Wortführer des Schlendrians, als der „Copernicus", mit

dem es „die überspannten Elbinger" auf preußischen Ge=
wässern den Engländern gleichthun wollten, bei Fischhausen
auf den Strand lief! Eilf Jahre später (1840) begrüßte
Königsberg inmitten seines frischen Huldigungs=Enthusiasmus
die glücklichen Fahrten der „Schwalbe" und des „Falken"
(lustigen, guten Andenkens) als ein günstiges Omen der nun
anhebenden neuen Epoche. Und jetzt fahren die Dampfer zu
Dutzenden auf den Haffen, auf Weichsel, Pregel, Memel,
zwischen unseren Seehäfen und denen Deutschlands und
Englands, und kein Jahr vergeht, ohne daß deren mehrere,
für einheimischen und auswärtigen Betrieb, unsere Werften
verlassen.

Und mit den Verkehrswegen hat sich nach langer, trau=
riger Lähmung, die unentbehrliche Schwester des Ackerbaus
und Handels, die Industrie, zu regen begonnen. Sie allein
sichert dem Erzeugniß des Bodens leichte, sichere, von Con=
juncturen und Welthandelskrisen verhältnißmäßig unabhängige
Verwerthung, dem Talent, den Arbeitskräften ausgiebige Ver=
wendung, macht Krisen unmöglich, wie wir sie 1844 und 1867
erlebten. Daß man bei uns auf gutem Wege ist, in dieser
Richtung die Forderungen der Zeit zu verstehen, dafür liefert
seit zwei Jahrzehnten jeder Jahresbericht unserer Handels=
kammern, jede Ausstellung, jede Steuertabelle erfreuliche Be=
weise. Dem Bedürfnisse eines Schifffahrt und Ackerbau
treibenden Küstenlandes entsprechend ist die Maschinenfabri=
kation, die große Metallindustrie voran gegangen. Sie
liefert heute, vom verbesserten Pfluge, von der Sä=, Dresch=
und Häckselmaschine bis zur Locomotive und zum stattlichen
eisernen Seedampfer hinauf Erzeugnisse, in denen Elbing,
Königsberg, Danzig mit den besten Werkstätten Mitteldeutsch=
lands erfolgreich wetteifern. Andere Metallindustrien sind
trotz der Handelspolitik des Zollvereins im Begriff, sich zu
entwickeln. Spinnereien, mechanische Webestühle fangen an,

die kostbaren Rohproducte unseres Ackerbaues und unserer Viehzucht zu verwerthen. Glas- und Papierfabriken entwickeln sich, von den frisch aufblühenden ältern Arbeitszweigen, speciell der Bier-, Liqueur-, Seifen-, Stärke-Fabrication nicht zu sprechen. Die Landwirthschaft, deren Erzeugnisse sich seit 50 Jahren mehr als verdoppelten, fängt an, den veränderten Conjuncturen des Weltmarktes Rechnung zu tragen, namentlich durch Verbesserung der Fettviehzucht die Ausfälle zu decken, mit welchen uns die Concurrenz der australischen Wolle und des südrussischen und amerikanischen Getreides bedrohen. Alles das ist noch jung, im Werden. Es wird aber nicht verfehlen, unsere nicht geringen natürlichen Hilfsquellen erfreulich zu entwickeln, wenn ein günstiges Schicksal uns den Weltfrieden erhält.

Und warum sollte es nicht erlaubt sein, dieser Hoffnung mit einem gewissen Vertrauen sich hinzugeben? Im Augenblicke, da wir dies schreiben, sichert ein von weiser Mäßigung dictirter Vertrag auf mehrere Jahre hinaus unsere Verhältnisse zu Frankreich. Unsere Reichshauptstadt erwartet in gehobener Stimmung den Besuch des österreichischen Hofes: eine symbolische Bestätigung von Gesinnungen, welche die wohlverstandenen Interessen der beiden germanischen Kaiserreiche zu bringend vorschreiben, als daß man der Lust widerstehen könnte, an ihre Aufrichtigkeit und Dauer zu glauben. Mit Italien einigt uns der gemeinsame Gegensatz gegen die römischen Herrschaftsgelüste. England und Amerika sind uns durch wichtige materielle Interessen noch sicherer, als durch Racen-Verwandtschaft verbunden. Und was Rußland angeht, an dessen vermeintlicher Eifersucht sich augenblicklich die Zukunftsphantasien unserer französischen, belgischen, holländischen, schweizerischen, polnischen, dänischen, schwedischen Neider erlauben: sollte es nicht endlich Zeit sein, die Aufgaben und muthmaßlichen Absichten dieser Weltmacht nach einem mehr realistischen Maßstabe zu messen, als nach dem „Testamente Peters des Großen" und den gelegentlichen Kriegs- und Macht-Phantasien der Moskauer-Zeitung? Seit Rußland seine Bauern befreit hat, seine Justiz und Verwaltung zu reorganisiren versucht, seit es erfahren hat, was der Mangel eines genügenden Eisenbahnnetzes gegenwärtig im Kriege bedeutet, steht es wohl bringendern und lockendern Aufgaben gegenüber, als einem Kampfe auf Leben und Tod um ein Stück Küstenland an der Weichsel- oder Donaumündung. Für uns aber dürfte es sich andrerseits empfehlen, Besserung unserer drückenden Verkehrsverhältnisse mit dem östlichen Nachbar nicht sowohl von kriegerisch-politischen Combinationen zu erwarten, als von dessen eigener, steigenden volkswirthschaftlichen Entwickelung nnd Einsicht. Rußland ruft in diesem Augenblicke das industrielle Europa zur Prüfung der Fortschritte seiner Arbeit nach Moskau. Hoffen wir, daß diese Annäherung in beiden Theilen nicht sowohl Neid und Eifersucht, als das Gefühl gegenseitiger Unterstützungs-Bedürftigkeit erzeuge, daß sie dazu beitrage, einen vernünftigen Austausch von Leistung und Gegenleistung auch drüben wünschenswerther erscheinen zu lassen, als die Fortdauer eines anachronistischen Schutzzollkrieges. Dann wird der Weltfrieden eine neue Bürgschaft erhalten, und auch die Arbeit unseres Küstenlandes einen Aufschwung nehmen, dessen Nachhaltigkeit mehr von der Tüchtigkeit unserer Leistungen als von politisch-militärischen Combinationen abhängen dürfte.

Auch die polnische Frage wird dann vielleicht in ihre natürlichen Grenzen gemüthlicher und literarischer Beziehungen sich zurückziehen. Es liegt fern von uns, dem polnisch redenden Staatsgenossen die Freude an seiner Muttersprache, an seiner angestammten Sitte und Art, die Pietät für die geschichtlichen Erinnerungen seines Volkes zu mißgönnen. Das wäre nicht menschlich, und ganz besonders nicht deutsch. Wie der Tessiner italienisch, der Walliser und Waadtländer franzöfisch spricht, wie fünf Millionen Amerikaner und mehrere Hunderttausend Livländer und Kurländer deutsch reden, ohne daß dieses sie hinderte, gute Schweizer, Amerikaner, Russen zu sein; so werden unsere polnischen Mitbürger in Westpreußen, Posen und Schlesien sich auch wohl gewöhnen können und müssen, ohne revolutionäre Hintergedanken ihr Polnisch zu reden und ihre Mazurka zu tanzen. Sprache und Sitte sind gewiß ein mächtiges Einigungsband, ein stärkeres aber sind Interessen, Gesetz und Recht. Wir wollen und werden das Mögliche thun, um den Polen ihre anormale politische Lage, die wir nicht verschuldet haben und nicht ändern können, weniger schmerzlich zu machen. Wir werden uns ernstlich bemühen, mit ihnen als wohlwollende Mitbürger und Nachbarn unter freiheitlichen, vernünftigen Gesetzen zu leben. Wir erwarten dagegen von ihrer Seite eine nüchterne, verständige Anerkennung unumstößlicher Thatsachen. Für Weiteres mag die Zukunft sorgen. Wer aber in den Grenzen des glorreich neu entstandenen Reichs deutscher Nation, und speziell in dieser mit deutschem Blute und deutschem Schweiße so reichlich gedüngten Ostmark den Strom der Culturbewegung nach seinem Gelüsten zurückdämmen möchte, der möge auf Sympathien oder Duldung bei irgend einem Bruchtheile unserer deutsch-preußischen Bevölkerung nicht rechnen. Wir beginnen das zweite Jahrhundert seit unserer Heimkehr ins Vaterhaus im gesunden Bewußtsein unwandelbarer und dankbarer Treue gegen die Dynastie, der wir diese Heimkehr verdanken, in ehrlicher Hingabe an Verfassung und Gesetz, im Hochgefühl errungener Erfolge und in der festen Hoffnung auf den nicht ausbleibenden Segen intelligenter, ausdauernder Arbeit. Es wird nur auf unsere polnisch redenden Mitbürger ankommen, diese Segnungen mit uns zu genießen.

Wir gedenken auch ihnen gegenüber keine andere Propaganda zu machen, als die Propaganda der Bildung, der Vernunft, der Arbeit, des freiheitlichen Fortschrittes. In diesem Zeichen hoffen wir einen friedlichen Sieg über offene und heimliche Neider, schwarze und rothe. Nur offenbare Gewalt wird uns heute und morgen wie gestern gewaffnet und entschlossen zur Abwehr finden. Aussichten und Combinationen aber, die durch solche Gewalt und ihre Abwehr möglicher Weise hier oder da erzeugt werden könnten, möchten wir fern halten von der Feststimmung der bevorstehenden Feier. Das erste Jahrhundert unserer Wiedervereinigung mit Deutschland war eine Zeit schweren Ringens mit innerer Unfertigkeit und mit vielfacher Ungunst der Menschen und Dinge, aber auch eine Zeit wachsender Kraft, erstarkenden Vertrauens, rühmlicher Erfolge. Mögen der Wunsch und die Hoffnung nicht vermessen erscheinen, daß der Anfang des zweiten Jahrhunderts uns in einer wohlverdienten Periode innern und äußern Friedens aufathmen und für Lösung höherer, weiterer Aufgaben heranreifen lasse.

www.ingramcontent.com/pod-product-compliance
Lightning Source LLC
Chambersburg PA
CBHW030341170426
43202CB00010B/1201